黑格尔
论国家与自由

Hegel on State and Freedom

张琼 著

辽宁人民出版社

图书在版编目（C I P）数据

黑格尔论国家与自由 / 张琼著 . — 沈阳：辽宁人
民出版社，2024.8
　　ISBN 978-7-205-10922-6

　　Ⅰ . ①黑… Ⅱ . ①张… Ⅲ . ①黑格尔 (Hegel,
Georg Wilhelm Friedrich 1770–1831)—哲学思想—研究
Ⅳ . ① B516.35

中国国家版本馆 CIP 数据核字（2023）第 212327 号

出版发行：辽宁人民出版社
　　　　　地址：沈阳市和平区十一纬路 25 号　邮编：110003
　　　　　电话：024-23284321（邮　购）　024-23284324（发行部）
　　　　　传真：024-23284191（发行部）　024-23284304（办公室）
　　　　　http://www.lnpph.com.cn
印　　刷：沈阳丰泽彩色包装印刷有限公司
幅面尺寸：170mm×240mm
印　　张：9.75
字　　数：150千字
出版时间：2024年8月第1版
印刷时间：2024年8月第1次印刷
责任编辑：董　喃
装帧设计：留白文化
责任校对：吴艳杰
书　　号：ISBN 978-7-205-10922-6

定　　价：68.00元

目　录

导　言

黑格尔哲学尤其是黑格尔的国家理论对后世有着非常重要的影响。在有关国家的论述中，黑格尔不仅仅具体阐述了自由在客观化自身的进程中经历的法、道德和国家等环节，而且还在绝对精神回复自身的发展中把国家理解为一种实体性的力量，恢复了古希腊时期国家追求最高的善的古典传统。

人们对黑格尔的国家理论有很多看法，或褒或贬，不一而足。萨拜因在他的《政治学说史》中认为，黑格尔"对国家加以理想化以及对市民社会给予道德上的低评价，这两者结合在一起都不可避免地要导致政治上的独裁主义"[①]。霍布豪斯在《形而上学的国家观》中把黑格尔的国家观作为典型的形而上学的国家观加以批判，他认为黑格尔的国家观就是一个错误，因为其否定了个人的地位和作用[②]。罗素更是认为一旦我们接受了黑格尔的国家观，任何可能想象的一切暴政和侵略就有了借口[③]。国内有一段时期也对黑格尔的国家理论更是不加批判地加上了"极权主义""神秘主义国家观"等评论。然而在另一方面，又有不少人认为在黑格尔的国家理论中包含着积极和革命的因素，如鲍桑葵和马尔库塞等人都纷纷为黑格尔的国家观作辩护。

马克思曾经仔细研读了黑格尔的著作，在年轻时更是青年黑格尔学派的中坚力量，而且其哲学理论中的很大一部分就建构在对黑格尔哲学的批判之上。马克思一方面承认黑格尔国家理论有很多"高明的地方"和"深

[①]　[美]萨拜因：《政治学说史》，盛葵阳、崔妙因译，商务印书馆1986年版，第729页。
[②]　参见霍布豪斯：《形而上学的国家观》，汪淑钧译，商务印书馆1997年版。
[③]　参见[英]罗素：《西方哲学史》，马元德译，商务印书馆1982年版。

刻之处"，同时又批判了黑格尔的国家理论对现实与观念关系的颠倒，认为黑格尔建构了一个颠倒、神秘、诡辩的体系。因此，认真梳理和研究黑格尔的国家理论，以及深入地理解马克思对黑格尔的批判，无论是对于我们自身的哲学学习，还是对于深入理解马克思主义经典文献，都具有非常重要的意义。

黑格尔的国家理论之所以会引起诸多批评或辩护，是因为黑格尔解决国家与自由的关系问题时所采用的独特方式。自由是国家理论的基点，古典契约论、康德的道德哲学乃至黑格尔的国家理论，其目的都是要使自由在现实中得到实现。因此个人的自由如何在国家之中得到实现和保障，以及个人的自由与国家作为外部强制之间的关系等问题就成为国家理论的核心。古典契约论从原子式个人出发考察自由在国家中的实现，其把自由看作人的天赋权利，而国家是保障个人自由的工具。康德的道德哲学也从单个人的道德原则出发，认为我们可以通过建立一个每个有理性的存在者都能按照自己的理性观念和道德原则而生活的目的王国，使自由与国家处于应然的统一之中。这种从单个人的自由出发的国家理论遇到了难题：其或者把国家看作与个体自由相对立的外部强制，把国家与个人置于一种外在的关系之中；或者片面地提升了单个人在思维中所具有的形式上的无限性，使自由的实现依赖于每个有理性的存在者作为道德主体的道德觉悟，从而使国家也停留于应然的领域之中。

与上述观念不同的是，黑格尔用一种整体主义和逻辑主义的方法，在对自由的思辨考察中把自由看作普遍性、特殊性与个体性的统一，并以此为基础研究国家与自由的关系。国家是绝对精神展现自身的客观环节，在国家中精神的自由本性展现自身为普遍性的法、特殊性的道德反思，最后使普遍性和特殊性在个体性之中达到统一，把自己客观化为具体和现实的自由。这是一种与以往哲学大不相同的研究途径，这里所说的个体性也不是一般意义上的作为单个人而存在的特殊存在物，而是普遍与特殊的统一，是最真实和最具体的环节。在黑格尔看来，国家就是建立在制约基础之上的联合体，是普遍性、特殊性和个体性的统一。国家之中，抽象性的法在普遍性的基础上包容特殊性，在国家之中表现为成文法和政治制度，同时主体的道德反思提升自己的特殊性，在从道德向伦理的过渡中使特殊性和普遍性达到统一。国家作为理念，其以伦理实体承载着古希腊以来对至善的形上追求。在理念的必然性中，一方面，个人作为道德反思的主体，在自我反思中认识到自己的特殊意志希求普遍物；另一方面，个人作为市民社会中的个体，通过国家的政治制度而实际地参与国家的普遍性活动，普遍性和特殊性就在个体性的环节中得到了统一与和解。

正如马克思所说的那样，黑格尔的哲学，甚至是以前的所有哲学，其目的都在于"解释世界"，国家理论也是如此，其关注的中心也是如何在理解中把握国家的理念，其表现出来的主要是对至善等理念的形上追求。黑格尔本人也承认，他的国家学说，"是把国家作为一种自身有理性的东西来把握和阐述的尝试"，这种尝试"必须绝对避免依照它应该如何存在来建构一个国家的做法"，而只是在教导，"国家，这个伦理世界，应该如何被认识"①。认识国家是黑格尔国家理论的主题，他并不关心如何在国家之中进行改革或者批判现存的政治制度，如何真正地实现人的自由，这也是马克思批判黑格尔国家学说的主要方面。

马克思对黑格尔国家理论的深刻批判为我们准确把握黑格尔的国家理论指明了方向。这些批判理论主要集中在马克思深入研究了黑格尔的法哲学之后，于1843年3月到1844年8月所写的《黑格尔法哲学批判》一文中。马克思的哲学旨趣可以从《关于费尔巴哈的提纲》中的一句话窥见端倪，那就是"哲学家们只是用不同的方式解释世界，而问题在于改变世

---

① [德]黑格尔：《法哲学原理》，邓安庆译，人民出版社2016年版，第12页。

界"①。马克思并不认同黑格尔对现实的"理解"就是哲学最终的目的，他通过研究19世纪的社会现实，认为我们仅仅理解现实，发现现实生活中的"理性的蔷薇"，是天真的和唯心主义的。同时，黑格尔不但把对国家的理解建立在精神客观化自身的环节之中，而且用所有的材料来迎合他的逻辑，就使得他的国家理论充满了"泛逻辑主义"的"神秘主义"色彩。一旦我们从庞大的观念体系中摆脱出来，我们就会发现现实与观念之间远远没有达到统一与和解，而是充满了异化和分离。因此，马克思主义哲学的中心是批判现实存在的经济和社会制度，揭示资本主义的社会化大生产对人的本质的异化，力求通过批判哲学而批判现代的政治社会。马克思从现实生活中具体的人出发，认为重要的不是与现实取得"和解"，而是要改变世界，以求得个人的全面和自由的发展。

马克思的批判让我们警醒，也让我们反思。首先，黑格尔的国家理论作为庞大的逻辑体系，用抽象的观念作为实体，颠倒了现实生活中的个人与国家的真实关系。个人被降低为国家的一个环节，就取消了或者至少是减弱了个人在国家以及政治生活中的能动作用。其次，在黑格尔的理论中，国家作为伦理实体承载着一个民族的风俗与习惯，在个人的生活中带有实体性的力量，是个人生活的全部意义之所在。在社会加速发展的今天，国家越来越多地渗入个人生活的方方面面，国家作为伦理实体，能不能如同黑格尔所预期的那样，在现实生活中发挥实体性作用，能不能在现实社会得到实现，是值得深思的问题。最后，黑格尔用逻辑主义的方式处理国家与自由的关系问题，概念在逻辑中的运演是自由客观化自身的根本途径。自由中普遍性、特殊性与个体性的统一只是停留在理性思辨之中，现实之中存在的只有对立和矛盾。

马克思从现实的人的实践活动出发，研究市民社会中需要的体系，一

---

①中共中央马克思恩格斯列宁斯大林著作编译局马列部、教育部社会科学研究与思想政治工作司编：《马克思主义经典著作选读》，人民出版社1999年版，第4页。

方面大大提高了人的主体性能动作用，另一方面也将国家变为个人实现全面自由发展过程中的阻碍力量。马克思把国家看作最终是要走向消亡的历史现象，认为自由的实现只有在克服了国家对个体自由的异化之后才是可能的。那么如何理解国家，如何理解个人的自由与国家的关系，如何理解在自由客观化过程中普遍性、特殊性与个体性之间的关系，就是我们所要研究的主要问题。这就需要我们在深入理解黑格尔国家理论具体内容的基础上，结合马克思对黑格尔的批判，有选择地吸收黑格尔思想中的理论成果，认识到黑格尔国家理论的局限，使得国家不仅仅可以承载民族的精神需求，还可以最大限度地实现每个人全面自由的发展。

第一章

自由理论中的矛盾以及黑格尔的解决

　　自由是国家理论的基点。个人自由作为一种特殊性的自我决定，首先是对外部必然性的克服，同时，每一个主体的自我决定都处于和其他主体的自我决定共存的现实之中，我的自我决定可能会成为其他人无法自我决定的因素。因此若要使每一个主体的自由都能得到实现，也就是获得一种普遍的自由，就必须在主体之间引入一种强制，使得每一个主体都只能在一定限度之内实现自我决定，这也就是国家在现实生活中所起到的作用。因此在国家中不可避免地要出现自由在特殊性与普遍性上的对立，个体自由如何在国家中得到实现及其与整体自由的关系问题，如何解决普遍性的个体自由与特殊性的整体自由之间的矛盾，如何在国家之中实现自由的客观化是国家理论的核心问题。

　　古典契约论、康德的道德哲学以及黑格尔的国家理论都是采用不同方式解决国家与自由之间关系问题的重要尝试。在黑格尔之前的哲学中，人们往往从单个人的立场出发解决个体自由与整体自由的对立，但是单个人总是有限的和个别的，这样，国家的强制以及整体的自由就与个体自由处于一种外在的关系之中，在黑格尔看来都没有真正解决国家与自由之间的关系问题。黑格尔从普遍性出发，在思辨思考中把法、道德和伦理看作自由在国家之中客观化自身的进程，进而在概念的逻辑运演中实现了自由在普遍性、特殊性与个体性上的统一。因此黑格尔的自由在其出发点上就不同于特殊的或个体的自由，而是包含普遍性、特殊性和个体性与自身的自由意志。这种自由意志是一种特殊的思维方式，它是有能力把自己转变为现实，可以走出自身并建立国家的那种思维。从这种自由意志的本性出发，黑格尔用思辨的思维方式中普遍性、特殊性统一于个体性的方法，对国家与自由问题提出独特见解。

一、自由理论中的矛盾

古典契约论和康德的道德哲学集中代表了黑格尔之前自由理论中的矛盾，那就是自由的特殊性与普遍性的矛盾，以及个体自由在形式上的无限性以及内容上的限制性之间的矛盾。

古典契约论的哲学家从特殊性的个体自由出发解决自由与国家之间的关系问题。自由首先被视为天赋的自然权利，要求最大限度的自我保存，而且要求自己意志内容的全面实现。由于每一个个体都具有同样的自然权利，为了最大限度地实现每一个个体的自由，就需要在自然法的基础上引入一种强制性的力量，也就是国家。古典契约论从个体的自由出发论证国家与自由之间的关系，就带来了特殊与普遍的分离，而国家作为普遍性的强制就和个体自由处于一种外在的与对立的关系之中。

康德的国家理论继承了古典契约论的理论成果，把人性中的天赋的自由提升为作为意志的自由。从意志的自我决定出发的自由，代表着自由的个体性环节。但是康德只是片面地发展了个体性自由中形式上的普遍性，把国家理解为一个应然的目的王国，只是在形式中实现了国家与自由的和解。

（一）古典契约论中作为特殊性的自由

古典契约论本质上是一种从经验出发的国家理论，在对国家与个人的关系问题的思考中，认为在国家诞生之前存在着一种"自然状态"，而从自然状态到国家的发展，是一种基于个体本性的历史选择过程。虽然对这种"自然状态"的描述各不相同，在政治理想方面也是大异其趣，但是古典契约论者却不约而同地从人的自然本性出发论证国家的合理性。他们认为国家是个人的自觉或被动的联合，是保障或限制个体自由的工具，带来了普遍性与特殊性的对立和分离。

洛克在《政府论》中有关国家的描述极为鲜明地体现了这种哲学特色。他首先把对国家的考察根植于对人性的考察，洛克指出，"为了正确地了解政治权力，并追溯它的起源，我们必须考究人类原来自然地处在什么状态"。这种状态在洛克看来是"一种完备无缺的自由状态，他们在自然法的范围内，按照他们认为合适的办法，决定他们的行动和处理他们的财产和人身，而毋需得到任何人的许可或听命于任何人的意志"。自然状态中支配性的力量是自然法，而自然法作为理性的原则首先要求一种平等的状态，"在这种状态中，一切权力和管辖权都是相互的，没有一个人享有多于别人的权力"。

自然状态是一种在论证上带有逻辑起点意义的理想状态，它并不能在现实中达到实存。而且按照它的概念，也就是说，按照在其中起支配作用的自然法，自然状态本身就必须走出自身、否定自身，形成公民社会。这主要是因为主体天赋的自由和平等在实际上要求对每个主体进行约束。在自然状态中，为了维护所有人天赋的自由和平等，就有必要"约束所有的人不侵犯他人的权利、不互相伤害，使大家都遵守旨在维护和平和保卫全人类的自然法"。这种权利在自然状态中对于每一个人都是平等的，如果没有外部的强制，"每人都有权惩罚违反自然法的人"①。但是人性是复杂的，"自私会使人们偏袒自己和他们的朋友，而在另一方面，心地不良、感情用事和报复心理都会使他们过分地惩罚别人"，结果就会在自然状态中引发混乱和无秩序。另外，在自然状态中，基于根本的自然法，人应该尽量地保卫自己，也就是说，我有权利毁灭那些对我而言具有威胁的东西，每一个在自然状态中生存的人都"可以毁灭向他宣战或对他的生命

---

①[英]洛克：《政府论》下篇，叶启芳、瞿菊农译，商务印书馆1964年版，第5页。

怀有敌意的人”“这是合理和正当的”①。但是这样一来，每一个其他个体的存在对于我而言都是潜在的威胁，而我要维护自己的权利，要最大限度地保存自己，就必然会试图将其他人置于自己的绝对权利之下，这就带来了不可避免的战争状态。

除了这种不可避免的战争状态之外，由于缺少稳定的法律和有效的外部强制，在自然状态中，每一个主体既是自己行为的立法者，又是自己行为的裁判者，同时还是自己裁判的执行者。自然状态中的人们虽然被设定为自由，却无法稳定地享有自己的自由，而是随时都有可能受到他人的侵犯。

这种状况是自然状态作为逻辑起点所带来的必然结果，但是人作为有理性的存在者，在理性的指导之下，必定有能力走出这种状况。为了避免人与人之间无止境的纷争，人们“愿意放弃一种尽管是自由却是充满着恐惧和经常危险的状况；……设法和甘愿同已经有意联合起来的其他人一起加入社会，以互相保护他们的……财产”②。而这就是走出自然状态，建立国家的过程。国家作为不同于个人的外部存在，对个人而言首先是一种限制，而洛克认为要使得自然状态中天赋自由的人放弃自己的全面的但是抽象的自由，建立对自己而言是限制的国家，唯一的方法“是同其他人协议联合组成一个共同体”③。这个共同体作为一个政治社会，使个人的抽象的自由走入了现实，得到了客观化。

国家的出现，其目的在于保护脱离了自然状态而且通过约定形成国家的那些人更好地享有他们的自由。国家的出现是人们理智选择的结果，同时国家作为手段，是为个体的目的服务的。“一切都没有别的目的，只是为了人民的和平、安全和公众福利。”④这种在实用基础上的政治的权威

①[英]洛克：《政府论》下篇，叶启芳、瞿菊农译，商务印书馆1964年版，第11页。
②[英]洛克：《政府论》下篇，叶启芳、瞿菊农译，商务印书馆1964年版，第77页。
③[英]洛克：《政府论》下篇，叶启芳、瞿菊农译，商务印书馆1964年版，第59页。
④[英]洛克：《政府论》下篇，叶启芳、瞿菊农译，商务印书馆1964年版，第80页。

不是自然的，而是约定的。大多数人的"同意"是政治社会形成的基础，它不仅仅是建立政府的必要条件，而且也是政府要求人们服从的持久条件，一旦人们认为政府无法履行保护的职责，就可以收回对政府的服从，自由地选择进入另一个社会或政府。

卢梭是古典契约论的继承者和发扬者，他清醒地认识到了"人是生而自由的，但却无往不在枷锁之中"①。人是生活于社会中的人，人所唯一能够获得的是成为文明人的自由。因而卢梭把平等问题引入对自由的思考之中，推进了古典契约论的自由学说。更进一步地，他认为国家中的人民在被剥夺了自由之后，拥有用强力夺回自由的权利。卢梭的思想直接地影响了法国大革命，在康德和黑格尔的哲学体系中得到了继承和反思，但是他仍然没有超出古典契约论的窠臼，在讨论国家与个人的关系时带有明显的经验论色彩，认为国家是以个人的天赋自由为前提而建立起来的，国家的任务就是在普遍性的强制中使得特殊性的个体自由得到实现。这种对自由实现过程中的普遍性与特殊性的割裂就使得国家与个人处于外在的关系之中。

古典契约论的国家学说面对着诸多考验和批判。一是，自由的天赋权利带来了对平等的合法要求，而平等作为一个理性的原则首先带来的则是对自由的限制。二是，天赋的自由在特殊意志的支配下表现为对个人的财产权的要求，它的实践限于拥有财产的人，在国家中体现的是特殊性而不是普遍性。三是，这种国家理论在国家与个人之间设立了一道无法跨越的鸿沟，个人的权利和自由是天赋的，是自然的，是目的，而政治社会的权威是约定的，是可选择的，是手段。但是事实上，任何一种权利或自由都只能在社会之中得到承认，无法设想没有自由的社会，更无法设想没有社会的自由，一旦把自由与社会对立起来，就无法合理地说明自由权利的起源和本质。

①[法]卢梭：《社会契约论》，何兆武译，商务印书馆2003年版，第4页。

（二）康德道德学说中作为个体性的自由

如果说古典契约论对国家与自由的讨论带有经验的因素，那么在康德的哲学中，这种从经验而来的有限性就得到了极大的克服。康德在论述国家与自由的关系问题时带有鲜明的批判哲学特色，他从道德律令中推论出法律的神圣性以及人们尊重法律和国家的义务。正如在理论理性的批判中，"知识如何可能的"问题被转换为"先天综合判断是如何可能的"问题一样，在自由的理论基点上论述国家的合法性，"国家的合法性是从何而来的"问题就变为"作为公民的联合体的国家，其国家权利或民族权利是如何可能的"问题了。

康德从对权利的论述中论证国家存在的合法性。在康德看来，权利的概念有以下三个层次：首先，在经验的层次上，权利首先涉及的是两个主体之间的外在的和实践的关系，"因为通过他们的行为这事实，他们可能间接地或直接地彼此影响"①。其次，在更深层的意义上，权利同时涉及主体的自由之间的关系，权利的概念"只表示他的自由行为与别人行为的自由的关系"②。古典契约论的哲学家正是在权利的这两个层次上研究国家的合法性根基的，在康德看来这并没有回答国家作为权利如何可能的问题。国家作为权利之所以是可能的，是有理性的存在者根据权利的先天原则而自由选择的结果，这一原则是"任何人的有意识的行为，按照一条普遍的自由法则，确实能够和其他人的有意识的行为相协调"③，国家作为对个人权利的制约和强制，只有在理性的先天原则之下，才能获得自己的合法性地位。

权利最主要的代表就是财产权，因此康德首先论证了一般财产权作

①[德]康德：《法的形而上学原理》，沈叔平译，商务印书馆1991年版，第39页。
②[德]康德：《法的形而上学原理》，沈叔平译，商务印书馆1991年版，第40页。
③[德]康德：《法的形而上学原理》，沈叔平译，商务印书馆1991年版，第40页。

为权利制度是如何可能的问题，也就是个人对财产的权利要求是如何得到合法化的问题。康德认为，个人的财产要求若要是合法的，就必须满足一个条件，那就是必须与普遍意志相一致。也就是说，按照权利的概念，无论是谁提出一种财产要求，他同时就已经向别人提出了一种尊重这种要求的义务，无论谁援引一种权利，他都同时援引了一条超出主体的权利之上的普遍原则，正是在这个普遍原则的制约中，权利才具有自己的合法性。在权利关系中，存在着一种潜在的交互性，作为权利合法性基础的普遍原则是适用于所有的有理性的存在者的，带来的是一种普遍的制约。某人希望别人承认一种要求，他就因此已经承认了别人对他的类似的要求，而且，只要他不期望别人承认他的权利要求和财产要求，他也就必定不会尊重别人的这些要求。因此，在康德看来，对某个对象的占有，在尚未与其他人的占有达到相互制约之前还不能成为权利，因为它是不稳定的和易消逝的，还未包含与其他主体的相互承认在内。对物的权利是一个现实的环节，其中包含主体依照自由的普遍法则在交互关系中对获得占有的承认。一个单个的财产要求作为权利之所以是可能的，是因为它不仅仅是占有，而且是在"普遍意志"或者"所有人的联合意志"的制约之下，获得了其他有理性存在者的承认。康德认为，在自然状态中，蕴含在普遍意志或者所有人的联合意志中的自由不可能具有任何实在性，只能作为一个应当实现的理念而存在，只有在国家作为制约性的基础之上，自由才是现实的。黑格尔和康德在有关自由客观化自身需要制约与承认这一观点上是一致的，但康德的国家观只是被设想为建立在一种与普遍意志相符合的契约之上的应然性。

国家作为一种权利关系，已经超出了私人权利的领域，进入了公共权利的领域。与私人权利的实现只涉及主体际的相互承认以及对每一个有理性的存在者的制约不同，公共权利还涉及使私人权利的制约得以可能的那种外部法则。在康德看来，在自然状态中的个人权利是一种临时的不可靠的权利，若要使此种权利走入现实，就必须"从自然状态进入一个法律的联合体，这种联合体是按照分配正义的条件组成的"①。国家就是许多人依据法律组织起来的联合体，"就一个民族中每个人的彼此关系而言，在这个社会状态中构成公民的联合体，就此联合体的组织成员作为一个整体关系而言，便组成一个国家"②。对于康德而言，国家就是一种权利关系，公民状态就是一种权利状态，在其中，每个人在自然状态中应当拥有的权利都能在相互制约的基础上得到规定，而且会通过足够的外部权力使自由成为事实上的自由和权利。

对于"国家作为权利是如何可能的"问题，康德首先给出了"唯有依据它才有可能符合一般外在人权的纯粹理性原则而建立起一个国家来"③的那些法则，那就是：作为人的每一个社会成员的自由、作为臣民的每一个成员与其他成员的平等以及作为公民的每一个共同体成员的独立。人们根据自由、平等和独立，依据原始契约，就把自己组成一个国家。在康德看来，原始契约的历史发生问题是不必计较的，因为原始契约的意义在于它提供了一种观念，通过此观念可以使组织这个国家的程序合法化，可以为人们所理解。原始契约是人民把自己组织成一个国家的法规，是在普遍意志的基础之上产生出来的根本法，根据原始契约，"人民中所有人和每个人都放弃他们的外在自由，为的是立刻又获得作为一个共和国成员的自由"④。

在康德看来，一个真正的共和国，只能是由人民代表的系统构成，因为普遍的联合的意志是一切公共契约的最后基础。在这个公共契约的原则之下，"包含着这样的关系：一方面是一个普遍的统治者，作为国家的首

①[德]康德：《法的形而上学原理》，沈叔平译，商务印书馆1991年版，第133页。
②[德]康德：《法的形而上学原理》，沈叔平译，商务印书馆1991年版，第135页。
③[德]康德：《历史理性批判文集》，何兆武译，商务印书馆1990年版，第195页。
④[德]康德：《法的形而上学原理》，沈叔平译，商务印书馆1991年版，第142页。

脑；另一方面是组成这个民族的个人，作为臣民的群众。在这种关系中，前一种人员是统治的权力，他的职务是治理；后一种成员构成该国的被统治者，他们的任务是服从"①。康德认为，只要原始契约一经确立，也就是说只要国家一经成立，"只要全体人民的同意这样一种法律并不自相矛盾，那就不管它对他们来得可能是多么辛酸，它总是符合权利的。……对最高立法权力的一切对抗、使臣民的不满变为暴力的一切煽动、爆发成为叛乱的一切举事，都是共同体中最应该加以惩罚的极大罪行，因为它摧毁了共同体的根本"②。

康德的国家理论，是广义的道德哲学即实践哲学的一部分，权利的概念，作为把责任加于其他人的一种根据，是通过道德命令发展而来的。虽然在康德看来，国家首先就是在普遍同意的基础上通过契约而组成的有关权利的联合体，原始契约有着不容置疑的（实践的）实在性，能够束缚每一个立法者，是国家作为权利获得合法性的基础，但是同时康德又认为这种原始契约，只是纯理性的一项纯观念，是一个纯粹的形式，而不含有任何内容。

康德把这种只有形式没有内容的原始契约视为国家得以成立的先验原则，带来了很多难以解决的问题。首先，原始契约的最高权力对于国家中的被统治者而言，是不可思议的，而且对原始契约的讨论对国家充满了微妙的危险。因为为了取得判断国家最高权力的资格，人民必须假定自己已经在一个普遍的意志之下联合起来了，因此也就不再有权利来判断应该怎样进行治理。在原始契约存在以前，人民对自己的主宰者根本就不具有任何强制的权利，但是原始契约一经成立，人民同样不能对主宰者使用强制，因为那样一来人民自己就会变成了无上的主宰者，就损害了原始契约本身。其次，对于"作为公民的联合体的国家，其国家权利或民族权利是

①[德]康德：《法的形而上学原理》，沈叔平译，商务印书馆1991年版，第142页。
②[德]康德：《历史理性批判文集》，何兆武译，商务印书馆1990年版，第205页。

如何可能的"问题，康德只是在"应该"的层次上作了回答。个人应该在权利的普遍原则之下走进国家，个人应该在国家的生活中遵守原始的契约，而这些"应该"的基础却是个人作为有理性的存在者的自我决定。在现实生活中，有理性的存在者却并不总是按照自己的理性原则决定自己的生活，更多的是受到欲望和冲动的控制，那么如何在现实的生活中实现这些"应该"，达到国家与自由具体的而不是形式的和解，仍然是一个值得深思的问题。

二、黑格尔对自由中矛盾的解决

面对着国家理论中个体自由与整体自由的分离，黑格尔改变了以往哲学中观察自由的视角。黑格尔不再从个体自由出发而是从自由的理念出发解决国家与自由的关系问题。要厘清黑格尔的这个解决问题的思路，需要弄清楚几个问题：第一，自由和意志问题；第二，普遍性、特殊性和个体性问题。

第一，国家建立于人的意志活动之上，因此黑格尔探讨国家是从意志出发的，法哲学原理作为国家学的纲要，序言中便大谈自由意志。在黑格尔看来，自由是意志的本质和理念，因此意志和自由是天然联系在一起的。如果说自由是国家成就自身的理念，那么按照上述自由与意志的内在统一关系，国家也是人类自由意志实现自身的过程。在其法哲学中，自由得到实现的环节也就是意志发展自身的环节，二者是内在联系在一起的。但是当我们讨论黑格尔解决国家理论中的难题，探讨黑格尔对个人自由与整体自由之间关系的解决，为了理解的目的，可以首先区分意志的环节和自由实现的环节，把目光集中于自由。虽然以下的论述分为"意志诸环节"和"自由诸环节"，但是这只是为了理解和论述的方便。

第二，黑格尔所谓自由意志不同于一般人理解的有限的自由和意志，不是一种和思维相区别的特殊存在物。这主要表现在他关于意志和思维关系的理解中。在康德的先验哲学中，理论理性和实践理性是同一个理性的两个不同方面，面对的是不同的领域，遵从不同的根本原则。这种区别体现在具体的人的存在身上，就把人分成了与自然相关的作为现象的人和与自由相关的作为自在存在的人之间的分别。黑格尔也承认意志和思维之间的区别，但是他认为从根本上区别对待思维和意志，是对意志本性的无知。在他看来，这种区别"无非就是理论态度和实践态度的区别。它们不是两种官能，意志不过是特殊的思维方式，即把自己转变为定在的那种思维，作为给予自身以定在的冲动的那种思维"①。"有些人把思维作为一种独特的官能，把它跟意志，作为一种同样独特的官能，分离开来考察，甚至进一步把思维看作对意志、特别是对善良意志是有害的。这从一开始就暴露出他们对意志的本性一无所知。"②

思维和意志代表着精神活动性的两个方向。理论态度是精神在自身之中扬弃对立，使对象普遍化从而把对象变成本质上和直接上是我的东西的过程。实践的态度是精神向外客观化自身的态度。这种客观化的过程同时也是自我规定，自身区分的过程，它从自我的普遍性出发，设定意志的目标并在目标之中把自我的普遍性特殊化为具体的目的。理论的态度和实践的态度是不可分割的，如果没有理智就不可能具有意志，同样人也不能没有意志而进行理论的活动或思维。

由于黑格尔将自由意志看作思维着的理性而不是作为某种特殊东西的非理性因素，因而其自由意志作为实现自身的现实性同时又有了普遍性品格，并且这种普遍性是包含特殊性在内的统一体。按黑格尔的思辨逻辑的叫法，这种普遍和特殊的统一体被称为"个体性"。这样，黑格尔就从普遍性出发，经过特殊性的环节，在个体性中实现了普遍性和特殊性的统一。黑格尔认为个体性作为普遍性和特殊性的统一，是一个现实性和具体

① [德]黑格尔：《法哲学原理》，邓安庆译，人民出版社2016年版，第35页。
② [德]黑格尔：《法哲学原理》，邓安庆译，人民出版社2016年版，第38页。

性的环节，也是最真实的环节。在自由客观化自身的过程中，无论是普遍性还是特殊性，都是作为环节而出现的，只有通过普遍性包容特殊性，同时特殊性提升自己到普遍性的双重运动，达到个体性，自由才是具体和真实的。这种从普遍性、特殊性统一于个体性的发展模式就成为黑格尔整个法哲学中的基本模式，贯穿于自由意志客观化自身的各个环节之中。普遍性的法和特殊性的道德统一于伦理，就在伦理实体中获得了自由的具体和真实的实现；而国家作为伦理实体的最高环节，在其中体现着家庭和市民社会的真理。

（一）意志诸环节

意志作为自由的意志，使自身的普遍性走入特殊性，并在特殊性的环节之中实现自由的客观化。这一过程可以通过以下三个环节得到揭示。

第一个环节是作为普遍性的纯无规定性或自我在自身中的纯反思，在其开端处，普遍性表现自身为抽象性和直接性。"在这种反思中，所有的限制，所有因本性、需要、欲望和冲动而直接现存或者因之而存的、被给予的和被规定的内容都消融了。这就是绝对抽象性或普遍性的无限制的无限性，对它自身的纯思维。"[1]意志在这一环节的规定直接来源于思维的抽象作用，那就是"我能从一切东西中摆脱出来，放弃所有的目的，能从一切东西中抽象出来。……人就是对他自身的纯思维，只有在思想中人才有这种力量给自己以普遍性，即消除一切特殊性和规定性"[2]。

与这种直接性和抽象性的自我反思相对应的自由是否定的自由或者说是抽象的自由，在这一环节中，意志发现自身具有一种"绝对的可能性"，也就是能够从"所有规定"中抽离出来，从"一切作为某种限制

---

①[德]黑格尔：《法哲学原理》，邓安庆译，人民出版社2016年版，第38页。
②[德]黑格尔：《法哲学原理》，邓安庆译，人民出版社2016年版，第40页。

的内容中逃逸"的可能性①。黑格尔把这种自由称为"否定的或知性的自由",是一种"被提高到现实形态和激情的那种空虚的自由",在纯粹理论的意义上,就表现为"印度纯直观的狂热","但是,当它转变成现实时,它在政治上如同在宗教上一样,就变成破坏一切现存的社会秩序的狂热,变成对某种秩序有嫌疑的个人的铲除,乃至对任何企图重整旗鼓的组织的消灭"②。历史上自由的这种形式屡见不鲜。法国大革命的恐怖时期也是由于坚持这种抽象的自由而造成的,"在这个时期,一切才能的差别,权威的差别,看来都被废除了。这是一个对任何特殊的东西感到震颤、发抖、绝不妥协的时期"③。抽象的自由希求抽象的纯粹的普遍性,而不是任何有规定性的东西,一旦看到任何规定性的出现,就认为这种规定性违反了自己的无规定性而加以毁灭。

虽然抽象的自由带来的是绝对自由和恐怖,但是它代表意志的普遍性环节,是"自我对自我的直观,是对自己本身的双重绝对观看,它的确定性是普遍的主体,它的认知着的概念是一切现实的本质"④。在绝对的和抽象的自由中呈现出来的是普遍的自我意识在其自身中的运动,在这种运动中,否定性是思维的根本特征。所以,这种"普遍的自由,既不能产生任何肯定性的事业,也不能做出任何肯定性的行动,它所能做的只是否定性行动;它只是制造毁灭的狂暴"⑤。在这种抽象的自由的环节中,自由并不走出自身,而是停留于自身之内。那"唯一还能为自由所意识到的

①[德]黑格尔:《法哲学原理》,邓安庆译,人民出版社2016年版,第38页。
②[德]黑格尔:《法哲学原理》,邓安庆译,人民出版社2016年版,第38页。
③[德]黑格尔:《法哲学原理》,邓安庆译,人民出版社2016年版,第40页。
④[德]黑格尔:《精神现象学》下卷,贺麟、王玖兴译,商务印书馆1979年版,第115页。
⑤[德]黑格尔:《精神现象学》下卷,贺麟、王玖兴译,商务印书馆1979年版,第118页。

对象，乃是现实自我意识本身的自由和个别性"①。这种抽象和绝对的自由就是清除了自身中一切区别和一切规定性的抽象的自我意识。它作为普遍意志的纯粹自身等同，作为纯粹的否定性，仍然代表着意志的普遍性环节，就"在自身等同的普遍意志那里有着它自己的诸环节所赖以实现的那种持存元素或实体"②，也就是自我意识或者说意识一般。在意志希求纯无规定性的过程中，事实上同时也在区别和分裂着自己，意志就进入了第二个环节，也就是希求特殊性和规定性的环节。

在第二个环节中，意志通过自我，希求某物，从无差别的无规定性过渡到区分、规定和设定一个规定性作为一种内容和对象。自我不仅仅是一个从对象中思维地抽象出来的主体，也是一个行动的主体，是否定性的诸环节赖以持存的实体，因此，"自我就是从作为一种内容和对象的无差别的无规定性向区分、规定和设定一种规定性的过渡。……通过把它自身设定为一个有规定性的东西，自我进入一般定在。这就是自我的有限性或特殊化的绝对环节"③。

黑格尔认为意志的特殊性环节是对于普遍性环节的否定，在第一个环节中，自我从特殊的内容和规定性中抽离出来，达到无规定性的普遍性，但是在第二个环节中，自我又走出纯粹的抽象的无规定性，区分自身，规定自身，设定一个规定性作为内容和对象。"我不光希求而已，而且希求某事物。……光希求抽象普遍物的意志，其实不希求任何事物，所以就不是什么意志。意志所希求的特殊物，就是一种限制，因为意志要成为意志，就得一般地限制自己。"④意志从普遍走向特殊，是客观化自身的必

①[德]黑格尔：《精神现象学》下卷，贺麟、王玖兴译，商务印书馆1979年版，第119页。

②[德]黑格尔：《精神现象学》下卷，贺麟、王玖兴译，商务印书馆1979年版，第121页。

③[德]黑格尔：《法哲学原理》，邓安庆译，人民出版社2016年版，第41页。

④[德]黑格尔：《法哲学原理》，邓安庆译，人民出版社2016年版，第9页。

由之路。

反思通常把第一个环节，也就是意志的纯粹无规定性的环节当作绝对的东西和较高级的东西，而把第二个环节，也就是被限制的东西作为意志的抽象自由的单纯否定。但是黑格尔认为，严格来讲，意志的第一个环节，作为普遍性只是抽象的和直接的，它不是真正的无限性或具体的普遍性，也不是概念，而只是一种被规定的东西，片面的东西。意志从抽象到特殊的进展，是德国古典哲学的发展成果，在康德和费希特的哲学中都有论述。在费希特的哲学中，意志的抽象的普遍性对应的是知识学的第一命题"自我设定自我"，而意志的特殊性环节，对应的是知识学的第二命题"自我设定非我"。但是在黑格尔看来，意志的第一个环节完全被看作为肯定的东西，看作为理智的普遍性和同一性，其结果就是"这个抽象的自我就被认为其自身是真的东西，从而限制——即一般的否定，不论它作为一种现成的外部界限或作为自我特有的活动都好，——显得是加上去的"①。

在黑格尔看来，无论是处于没有规定性的抽象普遍的意志，还是仅仅停留在特定规定中的特殊的意志，都是片面的，真正的意志是普遍性和特殊性的统一。在意志的特殊性环节中，意志希求某物，从而区分自身，使得某物成为对意志的限定。但是意志并不停留在被限制的环节之中，而是通过对意志的设定活动的反思，发现这种设定乃是自我的自我设定，意志的希求乃是自己希求，从而把某物对意志的限定把握为意志对自身的限定。这也就是意志的第三个环节，也就是作为现实的自由意志的环节。在这个环节中，意志的限定与自我的意志本身，是一种否定性的自我相关，作为这种自我相关，自我对意志的特殊性和规定性是漠不关心的，意志知

---

①[德]黑格尔：《法哲学原理》，范扬、张企泰译，商务印书馆1961年版，第19页。本书引用的《法哲学原理》范扬、张企泰译本，皆为2023年印刷的商务印书馆1961年版，由于页码发生了一些变化，特此说明。

道这种规定性是它自己的东西和理想性的东西，是一种单纯的可能性，因而并不受这种可能性的约束，而它之所以在其中，只因为它把自己设定在其中而已。

意志的三个环节对应于概念的普遍性、特殊性和个体性三个环节。黑格尔通过把意志的活动理解为自由客观化自身的过程，达到了真正意志在普遍性、特殊性和个体性中的统一。意志作为思维，首先具有从一切规定性中抽离出来的纯粹可能性，通过这种抽象，它获得了一种抽象的普遍性，这种普遍性只是形式的和无内容的。在意志的第二个环节，意志不仅仅希求而已，而且希求某物，就脱离了抽象的普遍性而规定、区分自身，走入了特殊性。意志所希求的某物是具体的和特殊的，它构成了对意志的限制和规定。但是在第三个环节中，意志通过反思，发现它所希求的某物，从而带给自己的限制性，是它自身设定的，因而某物对意志的限制实际上是意志对自身的限制，它仍然处于自身的普遍性和同一性之中。这样意志就通过反思，在特殊性的基础上重新回到了普遍性，达到了普遍性和特殊性的统一，也就是单一性。黑格尔说："意志是这两个环节的统一；是在自身中反思并通过这种反思返回到普遍性的特殊性——即单一性。"①

（二）自由诸环节

停留在抽象的无规定性中的自由是抽象的否定的自由，而一旦意志规定自身，限制自身，从普遍性进展到特殊性，就走入了某物对自由的限制之中，相对于抽象的否定的自由而言，特殊性的环节是自由的限制状态。黑格尔认为真正的客观的自由既不存在于无规定性之中，也不存在于规定性之中，自由同时是它们两者，自由的客观的现实就是在对自由的制约

①[德]黑格尔：《法哲学原理》，邓安庆译，人民出版社2016年版，第43页。

中，通过反思认识到自己是自由的。

意志的规定在形式上讲是一种自我规定，而意志的特殊化的过程构成了意志的各种形式之间的差别。意志作为自我意识，其规定性和特殊性展现自身在主观和客观的对立之中，而自由的真正实现，就是在规定性中返回到自身的单一性。意志的规定在形式上讲是一种自我规定，但是这种自我规定的不同层次构成了意志各种形式之间的差别。意志的规定就是意志所希求的某物，作为意志的内容，在做出规定时是内部的和主观的，也就是意志的目的，意志自身规定自身，在特殊性中客观化自身，就是使意志的主观目的得到客观实存的过程。但是真正的自由和意志是主观和客观的统一，作为在规定性中返回到自身的单一性，意志的目的不是达到它的新的片面的规定，而是要走向现实。直接的目的表明意志是自在的自由，同时意志把自身作为对象，使目的走向它的现实，就使得自在的自由变成了自为的自由。而这两个环节的统一就是自在自为的自由，也就是具体的现实的自由。

自由总是行为的自由，而一旦关涉到行为，就必然关涉到人的意志。在康德的哲学中，意志和思维是我内心的两种能力，即认知能力和欲求能力，它们是两个截然不同的领域。康德在他的实践哲学中已经达到了这样的一种认识，那就是意志作为一种自我规定，在其概念上，就必然是自由的。黑格尔也完全同意这一观点，他说："自由是意志的根本规定……意志而没有自由，只是一句空话；同时自由只有作为意志，作为主体，才是现实的。"[1]自由就体现在意志设定目的并在特殊性中客观化其目的的过程之中。意志的目的的不同层次也就是自由客观化自身的不同层次，黑格尔把它分为以下三个环节。

首先是自在的自由的环节，在此环节中，意志的目的带有直接性。

---

[1] [德]黑格尔：《法哲学原理》，范扬、张企泰译，商务印书馆1961年版，第13页。

在黑格尔看来，意志的内容最初表现为直接现存的内容，也就是冲动、情欲、倾向等。"那最初仅仅是自在地自由的意志是直接的或自然的意志。……就是冲动、情欲、倾向，意志通过它们显得自己是被自然所规定的。"①自由在这里体现为自然的和自在的自由，也就是自然的冲动以及对这些冲动和欲望的满足，又因为在这个阶段意志的目的以及目的的实现，都要依赖于意志的对象物，对象总是作为客观的东西出现，因此这种自由也被称为是客观的自由。自我和意志的欲求直接源出于意志的合理性，因而自在的是合乎理性的，但是由于它采取的是一种直接性的形式而出现，表现自身为似乎是被自然所设定的，因此还没有取得合理性的形式。

这种在自身之中有限的意志，在其直接性的表现上，就是人的冲动。冲动是一种自然的东西，但是同时它也是意志设定在自身中的东西，冲动在直接性的环节上体现着意志的自由，因此在自由客观化其自身的进程中，冲动的出现是带有必然性的。冲动是多种多样的，其中每一个冲动都与其他一起，作为我的冲动而存在，"同时每一个都在满足上具有多种多样对象和方法的某种普遍的和无规定性的东西"②。冲动总是个体的冲动，体现的是意志的决定，在冲动之中，体现着自由的多样性和丰富性。与此相应，满足冲动的对象和方法也是多种多样的。我意识到我多种多样的自然的欲望，把它们设定为意志的目的，并自觉地追求它的满足，就是自然的或者说直接的意志，也就是自在的自然的自由。

作为一个特殊的意志，个体追求自己的自然欲望和冲动的满足，自在的自由表现自身为一种自为的自由，但是这种自为的自由是相对于特殊的意志主体而言的，也就是你的、我的自由，而不是普遍意志的自为的自由。在黑格尔的哲学中，精神通过个体的环节回复自身，因此个体的特殊

①[德]黑格尔：《法哲学原理》，范扬、张企泰译，商务印书馆1961年版，第25页。
②[德]黑格尔：《法哲学原理》，范扬、张企泰译，商务印书馆1961年版，第26页。

意志的诸环节潜在的是普遍意志的环节的映照或再现。自在的自由是作为理念的自由在个体之中展现自身的环节，因此它所追求的内容源出于作为概念的意志。也就是说，它对于个体而言是自在的和直接的，但是对于普遍意志而言，是普遍意志走出纯粹的无规定性，区分自身，设定自身的环节，仍然处于特殊性的环节之中。

自在的自由，作为经过形式上的自我反思而保持在自身之内的无限自我，凌驾于在多种多样的冲动和对冲动的满足之上。正因为它在形式上是无限的，所以在它的本性和外部现实的种种规定方面受到了内容的束缚。作为一种无规定性的东西，意志并不受这种或那种内容的束缚，但是意志在把自己规定为这个或那个内容时，就把自己表现为任性。

任性是作为意志表现出来的偶然性，一方面它作为意志拥有纯粹反思中的形式上无限的自由，另一方面作为偶然性又受到内容的限制，表现为对外部实存的内容的依赖。也就是说自在的自由，在形式上是无限的，但是在内容上是有限的，自由是在各种可能性之间进行选择的自由。任性来源于自我意识在形式上的普遍性和同一性，是意志对于它自由的抽象确信，但它还不是自由的真理，因为任性受到外部内容和材料的限制，还没有以自身为内容和目的。黑格尔说我们对自由最普遍的看法就是把自由看作任性。在黑格尔看来德国观念论所讨论的自由，都没有走出自在的自然的自由，也就是任性的窠臼。任性的选择根据的是自我的无规定性以及某一偶然的内容的规定性，因此当我们因为自己可以为所欲为而认为自己是自由的时候，任性在内容上的依赖性正表明了自我的不自由。

在自在的自由中，自我意识到自己的欲望，并追求欲望的满足，但是这种任性的自由受到多种多样的内容的限制，只是在形式上具有无限性。自我可以通过反思从特殊性和特异性中返回自身，从而上升到普遍，这也就是自我在任性的自由中发现真正的自由不在于各种具体欲望的满足，而在于追求任何一种欲望的无限可能性。这样，自我通过返回自身而摆脱自然欲望和冲动的束缚，保持在自己本身，就进入了主观的自由的阶段。

　　主观的自由，是自由作为理念发展自身的第二个环节，是由任性中形式的无限性方面发展而来的。任性可以在不同的对象中进行选择，但是每个选择都是有限的，这也就是任性的形式和内容之间的矛盾。这种矛盾作为各种各样的冲动和倾向之间的辩证法表现出来，就是不同冲动之间的斗争。对冲动进行反思，并在反思中摆脱具体的内容的限制而回复到自身形式上的无限性和普遍性，就是主观的自由。在自我反思之中保持形式上的无限性，就超越了任性对于内容的依赖，进一步的还可以反思任性，对冲动进行善恶的评价。对冲动的善恶评价是主观的任性，因为当它坚持着主观的绝对权威性以及对客观的克服时，同时也就承认了主观方面和客观方面的对立。主观的自由彻底超脱于感性的冲动之外，仅仅追求自己内在的自由，此时它受到的限制不是外在的客观限制，而是主观的绝对权威的限制。黑格尔认为这种主观的自由在康德的哲学中得到了最纯粹的表达。在康德的实践哲学中，意志的自由在于摆脱任何感性的规定性而纯粹听从形式的自律的命令。

　　在主观的自由中，意志停留于纯粹的形式之中，否定一切感性内容和规定性。但是意志作为自由意志，其客观化自身的过程也就是精神的自由本性走入现实，与现实达到和解的过程。因此自由也必须扬弃主观的形式的自由，进入第三个环节，也就是现实的自在自为的自由的环节。首先，在意志的自我意识阶段，自由是抽象的无规定性的；其次，在反思的意志阶段，也就是思维的普遍性和感性的偶然性相互对立的阶段，自由的内容是限定的，而其形式是无限的；最后，思维的意志通过思维把自己作为本质来把握，从而使得自己摆脱偶然的和不真的东西，自由就成为自在自为的自由。它是自由的现实和具体的实现，是意志在思维中贯彻自身，同时扬弃了自然的直接性以及反思所产生的特异性的结果。

　　自由的客观化并不是要彻底摆脱感性的内容，而是要使得感性的内容得到合理性的形式，也就是说要使得自然的冲动成为意志规定的合理体系。通过冲动的合理化，在客观的自由获得了普遍性的同时，主观的自由也避免了空洞性而获得了实体性。例如某物作为我欲求的对象，被我所占有，是偶然的，在这个占有中，意志的自由只具有形式上的无限性，其内容是被限制的，但是一旦我对某物的占有具有了合理的形式，就是所有权，在所有权的概念之中，意志的自由不仅仅具有形式上的无限性，而且同时扬弃了人格的纯粹主观性，我作为自由意志在占有中成为我自己的对象，从而就使得自由成为现实的具体的自由，它作为自在自为的自由就构成法、道德和伦理的原则。

任何定在只要是自由意志的定在，就是法，法就是作为理念的自由，抽象人格的法、道德和伦理，都是自由的规定和定在。当它们在自由意志的定在的意义上被称为法的时候，它们都是自由客观化自身的不同环节，只有在国家之中，自由才得到了真正的客观化和现实化。这也是黑格尔把描述自由客观化自身的哲学称为法哲学，并进一步定义为"自然法和国家学纲要"的原因。对应于自由从自在的自由到主观的自为的自由，乃至自在自为的自由的发展，自由的理念展现自身就经历了抽象的法、道德。

第二章

黑格尔国家理论的逻辑构成

　　无论是古典契约论还是康德的先验哲学，都没有真正解决国家与自由的关系问题。他们或者从抽象的特殊性出发，忽视了国家的普遍性和客观性基础；或者从抽象的普遍性出发，忽视了国家中特殊性的环节。黑格尔的国家理论从根本上改变了解决问题的思路和方法，不是从单个人的特殊自由出发，而是从作为思维着的理性的自由意志出发，在国家与自由的关系上实现了个体自由与整体自由在国家中的统一。黑格尔在思辨逻辑中通过两个层次上的圆圈式发展解决了个人自由在国家中的实现问题。首先是从抽象法、道德到伦理，个人通过在伦理中具体和现实的生活，扬弃了个人在抽象法中直接性的自由以及道德反思中的主观性的自由，实现了具体和现实的自由。其次是从家庭、市民社会到国家，个人作为国家中的公民就不再是家庭中的成员，也不再是市民社会的需要体系中独立和分离的人，而是通过作为中介的政治制度参与国家的普遍事务，与国家处于具体统一中的人。

　　在我们通常的思维中，法是冷冰冰的外部强制，而道德是自我的内在反思，它们分别是法学和伦理学两个领域的研究对象，在对国家的讨论中涉及法和道德似乎有些不能理解。但是实际上，在法律中被研究的是抽象的人格，在道德中被研究的是反思的自我，它们是人在现实生活中表现出来的不同方面，不能脱离了现实的人而独立存在。在法的领域我们的自由是抽象的自由，而在道德的领域我们的自由是主观的自由，都不是真实的和具体的自由。法和道德的真理只有在人的现实生活中才能得到解释，而经过抽象法、道德到伦理发展而来的国家，正是对人的这种现实生活的合理解释。黑格尔是德国古典哲学的集大成者，在他的理论中，坚持整体性和现实性的原则，整体是精神性的整体，在现实生活中首先表现为个体的生命。当黑格尔在对国家的探讨中贯彻这个原则，抽象法中的人格以及道德领域的反思自我，都被看作现实的个体生命的环节。作为个体的生命，个人现实地存在于国家的伦理实体中，而这种存在具体地展现为法中的人格以及反思的自我。相应而言，法以及道德作为国家的具体环节，也只有在国家作为伦理实体中才能得到真实的理解。

黑格尔对法、道德以及国家之间关系的理解是一种思辨逻辑的理解，它们作为环节在逻辑上构成国家理论的全部内容。自由是国家成就自身的理念，在自由客观化自身的过程中，首先展现为抽象法中直接的自由，代表的是自由意志的普遍性和抽象性环节；其次展现为道德中反思的自由，代表的是特殊性的环节；最后统一于国家作为伦理实体，就在普遍性、特殊性和个体性的统一中展现自身为具体的和现实的自由。这种普遍性、特殊性和个体性的统一是思辨逻辑特有的思维方式，它们之间这种圆圈式的发展贯穿于黑格尔有关国家的各个层次的论述之中。

按照常识的观点来看，法律是国家中的环节和制度，只有在国家实际出现了之后才会有法律的实存，而国家中的强制力量是法律得到贯彻和执行的保证。但是，在黑格尔的思辨逻辑中，他要研究的不是现实的国家，而是国家的合理性。在他看来，一个现实的国家之所以是合理的，首先是因为它代表着一种现实性和客观性，是不以个体的特殊意志为转移的客观精神，而这就体现在法以及法对人格的普遍尊重之中。但是这种客观精神表现于外，又不能不把主观性包容于其中，因为近代以后，任何合理的东西如果没有主体的内在确证，都是独断的。如何在客观精神之中贯穿主观性，黑格尔诉之于道德的主观反思。我作为主体认识到自己可以决定自己的行为，并进而反思自己的自由行动，在内在的环节中对行为进行善恶的判断，既是我主观自由的显现，又是对自由在外部表现的反思。这两个环节在黑格尔看来只是精神的自由本性在客观世界中的实现的两个方面，它们分别处于自由的抽象性以及相互之间的外在性之中。黑格尔认为要达到自由的全面实现，必须进展到伦理。伦理作为法和道德的真理，就同时扬弃了双方的抽象性，在客观性和主观性的统一中达到了现实性。

国家作为普遍性、特殊性和个体性的统一，通过它的法律和政治制度，体现着自身的普遍性原则，同时通过自身的风俗、习惯、教养作为特殊性的个体，把特殊性作为环节包容在自身之中。这样，在作为伦理实体的国家之中，个体的自由也获得了客观和具体的实现。一方面，个人作为抽象的人格，在国家的成文法和政治制度中实现自己直接性的自由；另一方面，作为自我反思的主体，不仅仅在个人的道德反思中确证主观的自由，而且在现实的伦理生活中使得主观的自由与客观的自由达到统一。

在黑格尔整体性的逻辑思维中，抽象法、道德和伦理，代表着概念的普遍性、特殊性和个体性，是自由理念作为概念展现自身的环节。抽象法展现的是普遍的和直接的自由，而道德展现的是特殊的和间接的自由。它们最终在伦理实体中获得全面的真理，而伦理实体也只有在它们作为环节的实存中才有现实性。

一、抽象法中直接的自由

从黑格尔思辨逻辑的立场看，法、道德和伦理代表着概念的普遍性、特殊性和个体性。但是概念的环节之间不仅仅有着发展的关系，而且它们都是作为整体而出现的，分别体现着概念的不同方面。因此，抽象法作为概念的一个环节，作为一个整体，也是一个普遍性、特殊性和个别性的统一体。

在抽象法阶段，自由意志首先表现自己为一种直接的要求占有和支配外在物的意志，这种在对物的占有中表现自身为主观性人格的自由，就是任性。黑格尔说任性是一个普遍性的环节，但是自由作为任性，在内容上是受到物的制约的，因此就有必要对每个人的任性加以限制。同时，这种限制是在对每一个人作为人格的抽象尊重和普遍承认的基础之上的，这样，在对物的占有中体现这种限制，对个人而言就构成了特殊性的所有权。而契约是人格和所有权得到统一的环节，是抽象法阶段真实的和具体的自由。契约中实现的是所有权在不同人格之间的转让，这样，在契约的共同意志中人格扬弃了它的普遍性和抽象性，成为具体的个人，而所有权扬弃了它的特殊性，被转让的所有权，不仅仅代表某个个体的意志，而且代表了个体之间的共同意志。

另外，从法、道德和伦理之间的发展来看，抽象法是自由客观化自身的第一个环节。在抽象法阶段，自由意志表现自身为直接和抽象的普遍性，在个人人格与财产所有权的关系中实现它的定在。贯穿于抽象法中的原则是对于每一个抽象人格的普遍尊重，从这种尊重出发，产生了个人与个人之间的契约关系，以及随之而来的对他人作为平等的个人与财产所有者的承认。由于契约中的意志总是特殊的意志，而契约中的共同意志，只是不同的特殊意志中共同的部分，带有任性的和偶然的因素，那么契约本身就带有了任意性和偶然性。这也就意味着必然会出现不法。不法使偶然的任性和普遍意志之间的矛盾暴露出来，从而迫使任意提升到了普遍意志的层次，就过渡到了道德阶段。

（一）抽象法中的直接性

黑格尔认为自由直接的现实性，首先表现自身为法律。按照自由的意志这一理念的发展阶段，意志最初表现自身为直接的和抽象的人格。自我作为抽象的人格，使自己的意志在对象物中取得定在，从而获得自身的自然欲望、冲动、倾向的满足，就是自由意志的最直接的形式。抽象的人和人的自由作为"自在自为的自由的意志，当它在抽象概念中的时候，具有直接性的这一规定性"①。

　　抽象法把人作为一个独立实存的个体来考察人的权利和责任。一方面，在抽象法的领域，作为自由意志的个人是无限的、普遍的和自由的，因此它首先是作为一个抽象的人格而得到确立，自我要求自己的人格得到尊重。另一方面，人作为有自由意志的理性存在者，意志从纯无规定性中走出自身，规定自身，就在直接性上表现为对外部自然界的欲求和冲动，要求在欲望的满足上实现自己的定在。这种自由对物的占有只有在抽象法的规定和限制中才成为权利，法是直接性和普遍性的自由得到客观化的形式和环节。在抽象法中对人格的普遍尊重和制约是占有和所有权得以成为权利的前提。

　　在抽象法中得到实现的自由是主体自身所具有的单个意志的自由，意志成为单一的意志就是"人"。"这种自为地自由的意志的普遍性就是形式的普遍性，即在意志单一性中的自我意识着的此外便无内容的单纯自我相关。"②在有限的个体之中，作为普遍性的意志在最直接的意义上展现自身为抽象的人格。"人格的要义在于，我作为这个人，在一切方面（在内部任性、冲动和情欲方面，以及在直接外部的定在方面）都完全是被规定了的和有限的，毕竟我全然是纯自然相关系；因此我是在有限性中知道自己是某种无限的、普遍的、自由的东西。"③作为这样的一个人，一方面我知道自己在我的身体中是自由的，而且还具有一种从一切中抽象出来的能力，因为在我面前除了纯粹人格之外什么都不存在，同时，我也完全是被规定了的，我的身高体重等，那些与纯粹人格相异的东西，都是被规定了的。而且与这种自为地存在的意志相对应的自由，也是在抽象法对人格的普遍限制之中客观化其自身的。

---

①[德]黑格尔：《法哲学原理》，范扬、张企泰译，商务印书馆1961年版，第50页。
②[德]黑格尔：《法哲学原理》，范扬、张企泰译，商务印书馆1961年版，第51页。
③[德]黑格尔：《法哲学原理》，范扬、张企泰译，商务印书馆1961年版，第51页。

人格作为自然的自由的主体，它的自由，作为权利，是指向自然物的。正因如此，自然自由也被称为客观自由，它要通过对客观物的占有而获得自己自由的显现。人在自然中的生存是依赖于自然物的，人的欲望要通过自然物才能得到满足。物就是某种不自由的、无人格的以及无权的东西，而人的自然自由就在于"人有权把他的意志体现在任何物中，因而使该物成为我的东西"。物本身作为与自由精神直接不同的外在东西，是没有意志的，我把某物置于我自己外部力量的支配之下，这样就构成了对物的占有，这个被占有的某物作为特殊内容就是占有的特殊利益。通过对物的占有，我的自由意志就初次成为现实的意志。但是通过占有而实现的自由，在其实现过程中一方面受到占有的对象的限制，另一方面受到法律的限制。作为现实的意志，我拥有对客观物的权利，我的欲望需要通过物来得到满足，自由在其客观化进程中走入了特殊性环节。同时，这种已经在占有中走入了现实的自由，只有在扬弃了人格的纯粹主观性，在法律的制约中实现对抽象人格的普遍尊重之后才成为所有权，才是现实的。人唯有在所有权之中才是作为理性而存在的，根源于任性的需要只有在所有权中才获得了合理的形式。

黑格尔区分了意志对于物的所有权的几种关系，即直接占有、使用和转让。在直接占有中，意志作为肯定的东西在物内有其定在，物成为"我的东西"。占有包括直接的身体把握、给物以定形或者打上标志三种方式，它们都是我在物中体现自己的意志从而使自在的自由成为现实的方式。我对物的权利不仅体现在我对物的占有上，还体现在我对物的使用上。"物作为自在的否定的东西，则专为我的需要而存在，并为其服务。使用就是通过物的变化、消灭和消耗而使我的需要得到实现。"①在使用中，意志是作为否定的东西而在物内有其定在。物不是现成地就可以被我使用的，在我使用物的过

---

①[德]黑格尔：《法哲学原理》，范扬、张企泰译，商务印书馆1961年版，第76页。

程中，需要我的身体和精神的活动，我主动地改造物，以便满足我的欲望，适合我的使用。正是在这些活动之中，我才把我的意志作为一种否定的力量在物中表达出来。我不仅仅可以占有物、使用物，还可以把物转让给别人。物之所以可以转让，是因为物在其本来的意义上是外在的东西，是作为意志的对象的东西，在其内容上具有特殊性和确定性。

作为感性的东西，个体本身也是外在的，对于我这个人格的存在而言，我的身体也是我的所有物，我对我的身体也有所有权。但是黑格尔认为我的身体并不外在于我的人格而存在，我的人格和意志直接地和现实地存在于身体之中，对我身体的侵害也就是对我的人格的侵害，因此，生命本身就是人格的活动，生命是不能转让的。

在我对物的占有中，不仅仅有一个空间性的关系，还有一种谁先占有的时间上的关系，一个自明性的规定就是我只能占有无主物。也就是说，在我对某物的占有中，我排除了他人的意志在时间和空间上对相同的物的占有，但是在现实生活中，这种对他人意志的排斥同时也是对他人意志的承认。所有权就是自由在这种相互承认与制约之中的直接体现。我将所有物转让给他人，体现的是自由客观化的更高环节，而这种转让是通过契约实现的。

契约是所有权的中介形式，在契约中，不仅仅涉及单个意志与物的关系，而且涉及意志之间的关系。在绝对区分中对立的独立人格达到意志同一，一个意志和另一个意志达成了一致的约定。一方面，缔约一方根据其本身和他方的共同意志，终止对某物的占有，同时在另一方面接受一个属于他人的所有权。这样在契约中，独立人格并未丧失对物的所有权，而只是实现了所有权在不同意志之间的转让。"通过契约所成立的所有权，他的定在或外在方面已不再是单纯的物，而包含着意志的环节。"[1]也就是说，意志已经超越了占有中自己的特殊性内容，获得了某种意义上的普遍

---

①[德]黑格尔：《法哲学原理》，范扬、张企泰译，商务印书馆1961年版，第93页。

性。契约是一个过程，在这个过程中表现出并解决了一个矛盾，即不同的意志在对物的占有中的对立与矛盾。契约是不同意志的统一，在这种统一中，双方都放弃了他们的差别和独特性，但是此时一方的意志并不与他方的意志同一，他自身是并且始终是特殊意志。

契约双方当事人以直接独立的人相互对待，因此在契约之中，包含着这样的三个因素：首先，契约是从特殊的意志的任意出发的。契约的订立者是特殊的个体，在契约中，我是而且始终是排除他人意志的独立的所有人。特殊意志之所以要订立契约，其目的也是满足自己的欲望和冲动，是任性的自由行动。其次，契约订立者的这种特殊性并没有因为契约的订立而消失。"通过契约而达到定在的同一意志只能由双方当事人设定，从而它仅仅是共同意志，而不是自在自为的普遍的意志。"①共同意志和普遍意志的区别是黑格尔始终强调的主题，共同意志只是双方各自特殊的意志的相同部分，它不是真正普遍的东西。最后，契约的客体是个别的外在物。因为只有这种个别外在物才受当事人单纯任性的支配而被转让。这意味着契约是有限的，受到外在物的制约，它只是不同意志在外在物之上的关系。由此黑格尔也反对把婚姻、国家看作是契约的产物，在黑格尔看来，契约是以单个人的任性、意见和冲动等偶然的统一为基础的，在契约之中没有任何普遍的东西存在，而只有特殊的个体的人格和意志。

对契约中包含的意志环节的分析，是黑格尔批判古典契约论的主要理由。古典契约论的哲学家们从契约出发建构国家，实际上是把国家的合理性建在了个人的特殊意志之上。在他们的逻辑中，个人的特殊意志是自由的，契约也是个人在自由的基础上通过共同同意而达成的，这样，国家作为契约就会在对每一个特殊意志的承认的基础上保护个人自由的实现。黑格尔认为根据契约而建立的国家，作为契约中共同意志的体现，具有一定

---

①[德]黑格尔：《法哲学原理》，范扬、张企泰译，商务印书馆1961年版，第94页。

意义上的普遍性，如卢梭所说的"公意"。但是公意中具有的普遍性，只是代表了任性在形式上的普遍性，在内容上仍然带有偶然性，因而不是具有概念必然性的普遍性。在黑格尔看来，"自由的概念不可在每个人的偶然任性的意义下去理解，而必须在理性的意志、自在自为的意志这个意义下去理解"①。

在黑格尔看来，契约作为所有权的中介形式，并不能作为国家的合理性的根源。有些古典契约论哲学家认为我们可以通过契约，把一部分自由和权利让渡给作为联合体的国家，但是同时也就从联合体中获得了同样的自由。在黑格尔看来这是不切实际的，自由和人格代表着精神和普遍意志的本性，是不能让渡的，更不能通过契约而实现转让。"国家绝非建立在契约之上，因为契约是以任性为前提的。如果说国家是本于一切人的任性而建立起来的，那是错误的。毋宁说，生存于国家中，对每个人来说都是必要的。"②

（二）从法到道德的过渡

由于契约中的意志总是特殊的意志，而契约中的共同意志，只是不同特殊意志中共同的部分，带有任性和偶然的因素，那么契约本身就带有任意性和偶然性了。这也就意味着必然会出现不法。契约作为自在的法，在形式上是缔约双方的任性之间的相互一致，但是他们各自在内容上却都是特殊的和偶然的。人们并不总能结成契约，也并不总能遵守契约，这种特殊意志直接地即偶然地相互一致这一现象，就在不法中变成了假象。

不法是在共同意志的基础上那些来自特殊意志自身的破坏，不法的出现是必然的，它体现了契约的根据即特殊意志的任意的环节。黑格尔把

---

①[德]黑格尔：《哲学史讲演录》第四卷，贺麟、王太庆译，商务印书馆1978年版，第234页。

②[德]黑格尔：《法哲学原理》，范扬、张企泰译，商务印书馆1961年版，第95页。

普遍的意志看作是自在的法，认为它作为被特殊意志所规定的东西，是与某种非本质的和偶然性的现象相关的。不法作为假象，是虚妄的东西，在要求自为地存在时，就必然会消失，而在假象消失的过程中，本质作为本质，就把否定它的东西又否定了，因而成了更加坚固的东西。"不法就是这样一种假象，通过它的消逝，法乃获得某种巩固而有效的规定。"①这种更为坚固的东西就是道德。

不法可以分为无犯意的不法、欺诈和犯罪三种。无犯意的不法对法来说是假象，但是对特殊意志来说却不是假象。它是关于对某物的权利的争执，每一个特殊意志都站在自己的立场上，希望自己的意志得到实现。"这里所存在的意志尚未从利益的直接性解放出来，以至于作为特殊意志它尚未以普遍意志为目的；而且在这里意志尚未被规定为得到被承认的现实，似乎对着它当事人就得放弃其特殊的观点和利益。"②契约作为自在存在的法具有一定的根据，那就是特殊意志之间的共同意志，而个体之所以以不法为法，也是有自己的根据的，那就是个体自己的特殊意志。在这种无犯意的不法之中，仍然包含着对法作为普遍物的尊重和承认。欺诈是不法的第二个阶段，在这个阶段上，特殊意志虽然得到了重视，但是普遍的法却没有得到尊重。"在欺诈中特殊意志并未受到损害，因为被欺诈者还以为对他所做的是合法的。这样，所要求的法遂被设定为主观的和单纯假象的东西，这就构成欺诈。"③黑格尔认为对无犯意的不法，可以不规定任何处罚，因为在其中并没有违法的意志的存在，而对于欺诈，就必须加以处罚，因为在欺诈中，法遭到了破坏。真正的不法是犯罪，犯罪是"自由人所实施的作为暴力行为的第一种强制，侵犯了具体意义上的自由的定在"的强制性暴力行为。"在犯罪中，不论是法本身或我所认为的法

---

① [德]黑格尔：《法哲学原理》，邓安庆译，人民出版社2016年版，第163页。
② [德]黑格尔：《法哲学原理》，范扬、张企泰译，商务印书馆1961年版，第108页。
③ [德]黑格尔：《法哲学原理》，范扬、张企泰译，商务印书馆1961年版，第109页。

都没有被尊重，法的主观方面和客观方面都遭到了破坏。"[1]犯罪是一个特殊意志对另一个特殊意志以及其定在的侵害。在犯罪中，共同意志基础上的契约遭到了直接的否定。由于在契约中仍然保存着作为特殊意志的自由的体现的所有权，所以对契约的否定也就是对个体自由的侵犯，是对契约中共同意志的侵犯。又因为在所有权和契约中同时包含着其他人的特殊意志对这个特殊意志的承认，也包括侵害者本身的意志，所以，侵害者也是自己破坏自己。也就是说，犯罪对侵害者、被侵害者和共同体都是不法的。

犯罪是否定性的，需要进行再次的否定，那就是刑罚。犯罪在其概念中就决定了刑罚的合法性和必然性。犯罪的行为是犯罪者在特殊意志支配下的行为，侵害也就因此成为这种特殊意志中自有的定在。通过犯罪的活动以及侵害的结果，犯罪者就把从他的特殊意志出发的自由定在为了他的法。他在他的行为中自为地承认它，因此就应该从属于它，而这种从属于他自己的法的过程，也就是刑罚对犯罪者本人的侵害和强制。

在法的直接性的领域，犯罪的扬弃首先是复仇。复仇本身也是从个体的特殊意志出发的强制，是一种新的侵害，虽然从内容上说是正义的，但是在形式上和犯罪并没有本质的区别。而由契约组成的共同体，在根本上也不具有任何普遍性的内容，因此也无法在合理的基础上扬弃犯罪。若要解决在扬弃不法的方式和方法中所存在的矛盾，就必须将自由从在抽象法阶段内容上的特殊性中解放出来，回复到形式上的无限性，回复到主观性的权威，并以之克服客观性。"就是要求从主观利益和主观形态下，以及从威力的偶然性下解放出来的正义，……在这里首先存在着对这样一种意志的要求，即虽然是特殊的主观意志，可是它希求这普遍物本身。"[2]不法使偶然的任性和普遍意志之间的矛盾暴露出来，从而迫使任性提升到了

---

①[德]黑格尔：《法哲学原理》，范扬、张企泰译，商务印书馆1961年版，第110页。
②[德]黑格尔：《法哲学原理》，范扬、张企泰译，商务印书馆1961年版，第124页。

普遍意志的层次。这个希求着普遍物的普遍意志，在个体的特殊意志中表现出来，就是一个道德的主体。

二、道德中反思的自由

对不法的扬弃只有在国家的刑罚中才最终得以实现，但是这种扬弃首先在主体的反思之中表现为对刑罚中正义的要求。这种要求体现在个体的特殊意志中就使得个体的意志认识到可以在自身之内希求普遍物，从而就把个人提升为道德的主体。在黑格尔的思辨逻辑中，自由就进展到了道德的领域。

从法的领域进展到道德的领域，是普遍意志对个体中特殊意志的胜利，个体意志在道德的反思中提升自己，达到与普遍性的一致。普遍意志的提出是对古典契约论中自然权利理论的超越，对自由的论证终于从经验的内容中脱离出来，而进入到形式的领域，这一飞跃性的进步是在康德的先验哲学中完成的。在古典契约论的自然权利理论中，意志的根本规定总是它的特殊性，而契约也只是在特殊意志基础上的共同意志的体现，它们自身在本质上还只是特殊物，在内容上带有偶然性。在黑格尔看来，康德的哲学意义上的自在之物是真正普遍的意志。康德阐明了普遍意志的实在性，也就是遵从由纯粹实践理性而来的道德律的意志。黑格尔也继承这一观点，真正普遍的意志乃是对物的所有权、契约、不法以及对不法的扬弃的基础，在黑格尔的法哲学中被表述为道德是抽象法的根据。

在抽象法的领域，存在的是自在的自由，这种自由的自身展现，是通过对物的占有而获得的。虽然在这种占有中，意志受制于物，但是意志的自由正是在于意志把物作为对象而进行的占有，是这个行为背后的意志使得这种占有具有了自由的含义。但是这样的自由是从特殊意志出发的，而特殊的意志总是特殊的和多样的，这样就必然会出现差异和纷争。在黑格尔看来，即使差异和纷争，也就是不法，也是自由展现自身的环节。不法作为假象，是一个否定的环节，在其中也体现着意志在直接性的阶段以特殊意志为根据的自由。但是要扬弃不法，就必须扬弃意志的特殊性，也就是说，必须从抽象法的阶段进入道德。

道德作为自由意志的理念发展自身的环节，自身也是一个普遍性、特殊性与个体性的统一体。在道德的反思中，我们认识到思维自身的统一性就是自由，就是可以抛弃自己的主观性欲望，把作为存在者的我和思维着的我等同起来的自由意志。个体的特殊意志通过道德反思和自我规定，就把自身提升为道德主体，就脱离了个体意志对特殊物的依赖，在理性的法则所颁布的绝对命令下行动。理性的道德法则对所有有理性者都是普遍有效的，它体现道德领域中普遍性的环节，个人作为反思的主体体现着特殊性的环节，而个人按照道德法则行动，就是道德领域普遍性与特殊性的统一，就是主体的主观自由。

从抽象法到道德的进展也是自在自为的意志展现自身的必然环节。黑格尔认为在不法作为假象的阶段，展现出来的是自在的普遍意志和跟它对立的自为地存在的单个意志之间的对立状态，而对不法的扬弃，就是自在地存在的意志扬弃了它的特殊性而返回自身，从而使得自身成为自为的和现实的意志，也就是道德的意志的过程。"在抽象法中，意志的定在是在外在中，但是在下一阶段，意志的定在是在意志本身即某种内在的东西中。这就是说，意志对它自身来说必须是主观性，必须以本身为其自身的对象。"① "在抽象法中，意志的人格单单作为人格而存在，如今意志已把人格作为它的对象。这种自为地无限的自由的主观性构成了道德观点的原则。"②也就是说，在抽象法的阶段，意志在物之中展现自己的自由，但是在道德的领域，意志已经反思自身，扬弃了在自身与外物的关系中确证自由的直接性形式，而进展到了在自身与自身的关系中确证自由的阶

---

① [德]黑格尔：《法哲学原理》，范扬、张企泰译，商务印书馆1961年版，第126页。
② [德]黑格尔：《法哲学原理》，范扬、张企泰译，商务印书馆1961年版，第125页。

段。在这种自我相关的规定中，自由从直接性的自然的自由进展到反思的自由，也就是主观的自由。

（一）道德中的普遍性与自我规定

黑格尔说在道德领域中意志"不仅是自在地，而且是自为地无限的"①。与在抽象法阶段意志把人规定为人格不同，在道德的领域，意志把人规定为主体。在严格意义上的抽象法中，意志只是一个抽象的人格，此时还没有发生什么是我的原则和我的意图的问题。这些问题直到道德领域才被主体的自我反思所发现，因此道德的领域是一个主观的领域。在其中，自在的意志反思自身，扬弃了自身在直接性的意义上与普遍意志的仅仅自在的同一，把自身规定为是与普遍意志自为的同一的意志。"在道德的观点上，意志在法的领域中的抽象规定性被克服了，以致这种偶然性本身，作为在自身中反思的而且与自己同一的东西，就成为无限的在自身中存在的意志的偶然性，即意志的主观性。"②

法、道德和伦理是自在自为的意志作为概念展现自身的三个环节。意志最初是直接的，它的概念是抽象的，因此它的定在也是直接的、外在的事物，这就是抽象法的领域；"意志从外部定在出发在自身中反思着，于是被规定为与普遍物对立的主观单一性。这一普遍物，一方面作为内在的东西，就是善，另一方面作为外在的东西，就是现存世界；而理念的这两个方面只能互为中介。这是在它的分裂中或在它的特殊实存中的理念；这里我们就有了主观意志的法，以与世界法及理念的法（虽然仅仅自在地存在的理念）相对待。这就是道德的领域"③。在道德的环节中，意志并不是完全抛弃了外物，而是在自我规定自我相关的基础上重新对待自身与外

①[德]黑格尔：《法哲学原理》，范扬、张企泰译，商务印书馆1961年版，第127页。
②[德]黑格尔：《法哲学原理》，范扬、张企泰译，商务印书馆1961年版，第125页。
③[德]黑格尔：《法哲学原理》，范扬、张企泰译，商务印书馆1961年版，第47页。

物的关系。这样，个人作为反思的主体，他与外物的关系，就回到了意志本身，与自身发生关系。意志把自己作为对象，就使得与普遍意志相对立的单个意志成为主体。同时，意志与外物的关系，在内在的层次上就表现为道德主体和善的关系，而在外在的层次上就表现为道德主体和现存世界的关系。

在道德领域，个人作为自为存在的单个人而存在，同时意志在自身反思中确证了自身与普遍意志的同一，因此，"理念的实存方面或它的实在环节是意志的主观性"①，意志的自由就是主观性的自由。在道德的领域，主观性基础上的自由在主体内部表现为我的判断和意图，以及我的目的，这也就是意志在内在层次所表现的道德主体的善。善在这个领域构成普遍目的，主观的意志要求内部的善获得外部的定在，从而使得善在外部的实存中得以完成。主观的自由不仅仅体现在主体可以根据善的原则而行为，还体现在主体可以根据内心的善对外部的行为做出评价。对行为进行善恶的评价，就不仅仅要涉及行为的主观目的，还要涉及行为的客观后果。道德的行为，因为是在理性绝对命令支配下的行为，所以在形式上是无限的。但是道德行为总是某种具体的行为，道德评价也只能是对某种具体行为的评价，所以在内容上，道德的领域的自由意志仍然与自在地存在的东西相关，体现自身为自我区分的观点，把行为区分为善的行为和恶的行为。

道德主体的意志拥有主观的自由，其中普遍性的环节就是主观意志之中的自身反思。反思作为主观意志形式上无限的自我规定，构成一切道德意志的普遍形式。由于这种普遍形式最初在个体的单个的意志中被反思到的时候，只是一种形式上的无限性，并不涉及具体内容和对象，所以道德主体的行为就表现自身为应然的、关系的和要求的行为，表现为按照道

①[德]黑格尔：《法哲学原理》，范扬、张企泰译，商务印书馆1961年版，第127页。

德命令去行为的应然性。在道德反思中被规定为主观的、自为的自由的意志，最初是主观意志的法，表现自身为绝对命令，但是同时意志的主观性作为一个整体，也必须具有客观性，也就是说意志为了成为自在自为地存在的意志，还必须把自己从纯粹主观性的片面性中解放出来。这种从主观性走向客观性的过程也就是意志实现自己的目的的过程。"主观性和客观性这些规定，在道德的观点上，是互相区分的，只是成为矛盾而彼此结合起来，正是这一点构成了这一领域的现象方面或有限性。而这一观点的发展就是这些矛盾及其解决的发展。"①

意志作为主观的或道德的意志表现于外，就是行为。行为是有目的的行为，因此行为的第一个环节是意志在自身之内设定一个指向特殊物的目的，同时，他人的意志对我而言也是作为外物而存在的，在使自己的意志目的得到实存的同时，也就潜在地包含着我的意志与他人意志的同一。因此，在道德意志的客观性中，"我的意志的规定在对他人意志的关系上是肯定的，就是说，自在地存在的意志是作为内在的东西而存在于主观意志所实现的东西中"②。也就是说，道德意志的客观化不仅仅是对主体单个的特殊意志的扬弃，而且在这种扬弃中同时也建立了主体的意志以及他人的意志相互间的肯定关系，我尊重自己的意志是主体，同时我也承认他人的意志也是与我具有同等价值的主体。

在道德的领域，意志返回自身，在反思中认识到了作为单个意志的主体与作为普遍意志的自身等同，于是就给抽象领域的法找到了普遍性的根据。也就是说，通过主体的反思，我们可以认识到在自己的行为中不仅仅可以体现特殊意志的要求，而且还可以通过人的理性，使得人的行为体现作为普遍意志的要求。道德是一个反思的领域，而主体是反思的关键和核心之所在。在《哲学全书》中黑格尔详细地分析了主体在精神返回自身的

---

①[德]黑格尔：《法哲学原理》，范扬、张企泰译，商务印书馆1961年版，第133页。
②[德]黑格尔：《法哲学原理》，范扬、张企泰译，商务印书馆1961年版，第133页。

过程中的中介作用，而在这个客观精神展现自身的道德领域，正是主体的反思使得行为具有了某种意义上的普遍性。但是这个普遍性，也就是善，在反思中逐步被认识，也有一个渐进的过程，这也就是道德行为的三个环节：故意和责任、意图和福利、善和良心。

黑格尔认为任何行为如果要算作是道德的行为，必须首先是主观意志的故意，但是故意"仅仅涉及外在的意志应在我的内部也作为内在的底下而存在这一形式的原则"①，因此是行为在直接定在中实施时的内容。而行为的意图则是"行为在自我相关中的相对价值"②。意图指向行为的特殊方面和内部内容，也就是行为的目的，它对我来说是明确的，我对这种明确的目的的自觉和反思，就构成了行为的价值，而行为所指向的特殊物，作为我的特殊意志的定在，就是福利。善是道德行为的第三个环节，在这个环节中，意志在自我相关中加以反思的不仅仅是行为的相对价值，而且也反思行为的绝对价值，也就是善。"善，在反思的领域中，伴随着主观普遍性的对立，这种主观普遍性时而是恶，时而是良心。"③

在黑格尔看来，自由在道德环节的客观化只是在主体内部的客观化，是对意志的形式环节的片面确认。在道德的领域中自由只是一种应然的自由，而若要达到自由在现实生活中的具体和现实的实现，就必须从道德过渡到伦理。

（二）从道德到伦理的过渡

黑格尔说，主观意志的法在于，凡是意志应该认为有效的东西，在它看来都是善的。而一种行为，作为主观的意志的目的在外在客观性中的实现，按照主观意志是否知道其行为在这种客观性中的价值，分别作为合法

---

① [德]黑格尔：《法哲学原理》，范扬、张企泰译，商务印书馆1961年版，第135页。
② [德]黑格尔：《法哲学原理》，范扬、张企泰译，商务印书馆1961年版，第135页。
③ [德]黑格尔：《法哲学原理》，范扬、张企泰译，商务印书馆1961年版，第47页。

或不合法，善或恶，合乎法律或不合乎法律，而归责于主观意志。也就是说，在这种主观的自由之中，特殊意志根据自身的反思，按照对于行为的道德价值的判断而自由行动。黑格尔说，当主体的特殊意志的主观性达到了在自身中被反思着的普遍性时，作为内部的绝对的自我确信，就是特殊意志的良心。"良心表示着主观自我意识绝对有权知道在自身中和根据它自身什么是权利和义务，并且除了它这样地认识到是善的以外，对其余一切概不承认，同时它肯定，它这样地认识和希求的东西才真正是权利和义务。"①在黑格尔看来，判断善的法，作为主体的最高的法，是纯形式的和主观的，个人根据内在的主观的反思对行为做出是否符合善的判断，可能是真的，也可能是单纯的私见和错误，这是与特殊意志的主观教养相关的。也就是说，从特殊意志的良心出发而对行为是否具有道德价值而做出的判断，具有主观性的片面性，是模棱两可的。"良心如果仅仅是形式的主观性，那简直就是处于转向作恶的待发点上的东西，道德和恶两者都在独立存在以及独自知道和决定的自我确信中有其共同根源。"②

　　良心作为抽象的自我规定和纯粹的自我确信，在自身中把一切权利、义务和定在等一切规定性都排除了出去。这是思想在自身进展中的必然阶段，在此阶段，所有一切被认为是权利和义务的东西，都被思想指明为虚无的和局限的，作为抽象的否定性的主观性，思维和意志排除了所有具体的规定。善是自在的意志在自身中的反思，只具有主观性，而不具有客观内容，但是一旦善作为抽象的信念支配人的行为，就完全丧失了客观性的依据，达到了主观性的高峰。人可以对自己的任何行为都加以善的解释，而不顾其客观内容，因此在抽象的善和良心中，善和恶的区别以及一切现实的义务都消失了。"恶就是意识的自身中存在与共相的不同一性，并且，由于它同时又把自己的行为说成是与它自己的同一性，说成是义务和

---

　　①[德]黑格尔：《法哲学原理》，范扬、张企泰译，商务印书馆1961年版，第160页。
　　②[德]黑格尔：《法哲学原理》，范扬、张企泰译，商务印书馆1961年版，第163页。

带有良心的，它就是伪善"①。黑格尔说："伪善中所蕴藏的不一致性，既不能通过恶的意识之片面坚持其自身而达到一致性，也不能通过普遍意识的判断而达到一致性。"②也就是说，恶之所以为恶，是因为在内心生活与普遍物的对立之中，片面坚持了某一个极端。而当恶在自身反思之中坚持自身的同一性，就同时取消了这种片面坚持，虽然也就招认了自己是恶的，但是在它招认自己是恶的同时，它就直接扬弃了自己，而不会是伪善了。同样，当普遍意识斥责伪善是坏的、卑鄙的等等的时候，它的这种判断正如恶的意识之依靠其自己的规律一样所依据的也只是它自己的规律，使自己的普遍规律也降低到了特殊规律的地位上，并不比恶的意识的规律具有优越之处，反而使恶的意识的规律成为合法的了。这样，普遍的意识只停留在思想的普遍性中，只限于进行理解和判断，就带来了道德的诡辩。道德的诡辩并不违背意志自身的纯粹的抽象性和普遍性，但是因为它只是被动地判断和理解，就使得这种坚持义务的形式性和主观性的观点同那种被人们所指责的只把义务放在口头上的空谈完完全全成为一个样子了。

黑格尔认为，在自在自为的意志的发展过程中，直接作为法而存在的自由的定在，在自我意志的反思中被规定为善。而处于在主观性的高峰中的善，仅仅包含着抽象的东西，而把具体的内容变成可以随意变换的意见，这样，道德的行为就变成了信念支持下的行为，自在自为地存在的法也已经不复存在了。虽然善是自由地实体性的普遍物，但仍然是抽象的东西，因此它要求各种规定以及这些规定的原则，而良心作为起规定作用的纯粹抽象的原则，也要求它所做的各种规定具有普遍性和客观性。善和良心，也就是自由意志的普遍物和特殊意志中主观性的法，当它们在具体的

---

①[德]黑格尔：《精神现象学》，邓晓芒译，人民出版社2017年版，第398页。

②[德]黑格尔：《精神现象学》下卷，贺麟、王玖兴译，商务印书馆1979年版，第169页。

行为中各自抛弃片面性，就达到了自觉的和现实的和解。和解的必然性是
蕴含在善和良心的概念之中的必然性：善作为自由意志的普遍物，在具体
的行为中使自己外化为环节；而从良心出发的道德判断，也在具体的行为
中直观地认识到了自己。"和解这个词就是这样一种实际存在着的精神，
这种精神在它的对方中，亦即在作为绝对存在于其本身的个别性的那种纯
粹自身知识中，直观地认识到作为普遍本质的那种纯粹自身知识，——这
种精神就是一种相互承认，也就是绝对的精神。"①

　　在这种和解的精神之中，在实际存在中相互对立的作为普遍物的善和
作为主观性的良心，就在现实的我的行动之中得到了统一。善和良心都被
扬弃为概念的环节，这一概念就是作为两者的统一而显现的伦理。伦理是
善和主观性的真理，伦理的东西是主观情绪，但又是自在地存在的法的情
绪，因此，在伦理的环节中，产生了根据概念的调和。"无论法的东西和
道德的东西都不能自为地存在，而必须以伦理的东西为其承担者和基础，
因为法欠缺主观性的环节，而道德则仅仅具有主观性的环节，所以法和道
德本身都缺乏现实性。只有无限的东西即理念，才是现实的。"②伦理不
仅仅是主观的形式和意志的自我规定，而且还是以意志的概念即自由为内
容的。也就是说，在伦理的环节中，自在的自由扬弃了它的抽象性和特殊
性，而自为的自由也扬弃了它的主观性和普遍性，进入了具体的自由也就
是存在于现实的自我的生活中的作为普遍性和特殊性的统一的个体性的自
由的环节。黑格尔用伦理超越道德，以普遍与特殊的同一作为基础把内在
的主观性的道德提升为外在的客观的伦理精神。这既是一种解放，又是一
种回归：理性从对立与束缚中解放出来，获得了真正的全面的自由，同时
又在与现实的和解中重现了古典伦理的风韵，获得了实体性的力量。

---

　　①[德]黑格尔：《精神现象学》下卷，贺麟、王玖兴译，商务印书馆1979年版，第
176页。

　　②[德]黑格尔：《法哲学原理》，范扬、张企泰译，商务印书馆1961年版，第185—186页。

（三）黑格尔对康德道德哲学的继承与批判

黑格尔用伦理超越道德，认为在自由客观化自身的环节中，伦理具有更本质的地位和作用。这一观点是和他对康德道德哲学的继承与批判紧密相关的。任何哲学家都不能脱离自己的时代，在黑格尔和以前哲学理论的关系中，也许没有哪种理论能比得上从康德以来的德国古典哲学对黑格尔的影响更为深远，在有关道德哲学的研究中，二者也有千丝万缕的联系。但是概括而言，黑格尔继承了康德对主观自由的研究成果，把主观自由建立在反思中形式的普遍性和无限性之上，同时又批判康德式的道德是一种自我强制的和分裂的道德，认为它预设了理性与感性的对峙，概念与现实的分立，权利与嗜好的冲突。在黑格尔看来，人是在现实中生活的人，处于制约和限制之中。康德用知性的和分析的方法去发现理性的道德律令，完全忽视个人经验性的现实生存，抹杀了客观精神本身的自在性，人就成为单个的和孤立的人。

康德并不是在哲学史上第一位讨论道德的哲学家，但是康德对道德的讨论在道德哲学的发展中具有重要的地位和作用。康德认为他的《纯粹理性批判》"不是对某些书或体系的批判"而是对"一般理性能力的批判"[1]，这种批判并非抛开一切经验的因素，但是却在"一切可以独立于任何经验而追求的知识"[2]也就是先验的因素中寻找知识和道德的根基。黑格尔与康德不同，他的哲学研究的对象是精神，以探究精神自身"穿过它自己的本性给它预定下来的一连串的过站，即经历它自己的一系列的形态，从而纯化了自己"[3]的过程为其根本目的。这样，在康德和黑格尔的

---

①[德]康德：《纯粹理性批判》，邓晓芒译，杨祖陶校，人民出版社2004年版，第3页。

②[德]康德：《纯粹理性批判》，邓晓芒译，杨祖陶校，人民出版社2004年版，第3—4页。

③[德]黑格尔：《精神现象学》（上），贺麟、王玖兴译，商务印书馆1979年版，第54页。

哲学中，最主要的区别就是他们在对待经验材料上态度的不同，而这种不同又集中地表现在伦理对道德的超越之中。

康德认为行为之所以能够被称为是有道德的，是因为那是遵从理性给自己颁发的绝对命令的行为，在这种过程中，感性所追求的幸福和快乐都不应该成为支配行为的力量。但是黑格尔却在他的哲学中给予感性的欲望和冲动以确定的地位，冲动也是自由客观化自身的重要环节。黑格尔坚决反对那种纯而又纯的完全脱离了经验因素的道德观念，道德诚然应该以理性为原则，但理性却不能在追求道德的过程中放弃合法的冲动和欲望，而应"设置至善、伦理和与之相应的幸福作为世界的最终目的"①。

在康德的哲学中，道德的行为只有在实践理性的支配下才有可能。在实践理性中，意志是自己决定自己的，一切正义的和道德的行为都是建筑在自由的基点之上。在自由的领域中，人有了关于自身的绝对的自我意识。作为一个道德的存在，人是自由的，超出一切自然的规律和现象，"自我在它的个体性中就是直接的本质、普遍性和客观性，……一个无限的东西展开在人的胸膛中"②。而在人的行为中，作为无限之物的善良意志是指引人们行动的唯一合法动机。这种意愿为善的善良意志，在人们自身的行为中作为一种立法的意志，就产生了一种道德必要性，也就是义务（Pflicht）③，"义务（Pflicht）就是由于尊重（Achtung）规律而产生的行为必要性"④。而德性就是贯穿在人们对责任的恪守中的意志的道德力量。德性并不是一种义务，人们也没有义务去具有德性，但是德性却发号施令。德性的戒律中伴随着道德的强制，它可以克服人们由于爱好而产生

①[德]黑格尔：《黑格尔早期著作集》，贺麟等译，商务印书馆1997年版，第141页。

②[德]黑格尔：《哲学史讲演录》第四卷，贺麟、王太庆译，商务印书馆1978年版，第288页。

③Pflicht一词，有的中文译本译作义务，有的译作责任，但是究其根源，它代表的是理性在追求善的过程中，出于善良意志而在人的道德行为中的必要性。

④[德]康德：《道德形而上学原理》，苗力田译，上海人民出版社2005年版，第16页。

的阻碍，使人们的行为成为"出于义务"而不仅仅"合乎义务"的道德的行为。

康德认为人们行为所依据的原则有两种，一种是主观的准则，它是个人的行为原则，只有主观感情或感性经验的因素，是特殊的和个体的，因而不具备普遍的和必然的有效性。另一种是客观的法则，它没有任何主观的或感性的成分，是具有普遍性和必然性的，可以作为任何一个有理性的存在者的行为准则的普遍原则。康德认为，纯粹实践理性的基本法则就是"这样行动：你意志的准则能够始终同时用作普遍立法的原则"①。"有限的实践理性能够成就的极限，就是确信他们的准则朝着这个法则的无穷前进，以及他们向着持续不断的进步的坚定不移：这就是德行。"②

黑格尔一方面承认康德在道德行为中认识到了理性的力量，另一方面又批判康德没有认识到精神作为全体，在其最终的目的中并不舍弃感性的环节。康德把自由理解为"任意性对于由感性冲动而来的强迫的独立性"③，人有感性的冲动，却不受这些冲动的支配，人可以独立于这种冲动而行为。这种脱离了冲动的独立性，在康德看来只是自由的消极方面，而自由的积极方面就是在自己的行动中给自己立法。"前一种独立性是消极意义上的自由，而纯粹的并且本身实践的理性的自己立法，则是积极意义上的自由。"④这种纯粹实践理性的自由，也就是自律，康德认为只有自律才是真正的、彻底的自由。

自律就是独立于任何感性欲望的对象，通过单纯普遍的立法形式来规定感性的任意。在自律之中，就表现出了道德行为的德性。出于理性的自律排斥任何感性因素的影响，"德性的唯一原则就在于它对于法则的一

---

①[德]康德：《实践理性批判》，韩水法译，商务印书馆1999年版，第31页。
②[德]康德：《实践理性批判》，韩水法译，商务印书馆1999年版，第34页。
③[德]康德：《纯粹理性批判》，邓晓芒译，人民出版社2004年版，第434页。
④[德]康德：《实践理性批判》，韩水法译，商务印书馆1999年版，第34页。

切质料（亦即欲求的客体）的独立性"①，道德法则作为纯粹实践理性的自律，亦即自由的自律，本身就是一切准则的形式条件。纯粹实践理性完全不顾意志的一切特殊的主观差异，将普遍的形式法则当作一个德性原则和一个绝对命令颁布给任何有理性的存在者，这就是道德之所以可能的根据。道德的自律体现了意志自由的自我规定，这个普遍的形式对于一切有理性的存在者来说都是有效的。同时康德认为自由只有在主体依据理性行动，并反思自己的行动时，才能够被认识，"他之所以能够做某事，乃是由于他意识到他应当做这事，并在自身之中认识到自由，而如无道德法则自由原本是不会被认识到的"②。也就是说，只有在道德的领域，自由才进入了反思的领域，在主体的自我相关中，成为具有普遍性的自为的自由。但是现实的人的存在不仅仅具有理性的意志，还有感性的冲动和欲望，人的意志并不是自在的绝对的善，道德律令对于现实的人而言，只是一个向着绝对的善的无止境的追求。

康德的原则所受到的批评，是研究伦理学的人所熟知的，其基本要点就是：不可能把任何独特的行动都和纯粹是关于一个纯意志的观念联系起来。任何一个现实的行为都是意志和对象的结合，是意志目的的实现过程。在其中有意志的决定作用，但是仅仅有这种作用，还只是形式上的确定性，是空洞的没有内容的确定性。问题的实质在于"为了善而追求善的纯意志和任何具体的行为都没有实际联系，因而无论支持什么行为，都可能以自我欺骗的方式提出来，并可能由此产生关于'纯意向'的全部诡辩和伪善"③。康德自己也说，"确系自由的纯粹意志的法则将意志置于一个与经验畛域完全不同的畛域里面，并且它所表达的必然性因为不应当是

---

①[德]康德：《实践理性批判》，韩水法译，商务印书馆1999年版，第34—35页。

②[德]康德：《实践理性批判》，韩水法译，商务印书馆1999年版，第31页。

③[英]鲍桑葵：《关于国家的哲学理论》，汪淑钧译，商务印书馆1995年版，第255页。

自然的必然性，所以只能存在于一般法则可能性的形式条件之中"①。

康德的观点固然有其理论根源，因为在康德看来，自由的领域和自然的领域是截然不同的两个领域，一旦我们将它们混淆起来，就既不能在自然领域认识自然，得到具有客观必然性的知识，也不能在自由的领域确证自由和道德的存在。但是这在黑格尔看来是对世界整体作为绝对精神的知性割裂。与康德不同，黑格尔哲学的出发点不是自由与必然的对立，而是作为统一体的绝对精神。它展现自身，又在理性的反思中回复自身，在它的运动过程中，每一个环节都是一个整体，只是这个整体展现自身为绝对精神的一个环节，体现绝对精神在发展中的特殊阶段而已。在客观精神的阶段，绝对精神展现自身为法、道德和伦理，法、道德和伦理在其自身而言，也是作为整体而存在的，只是在研究和认识的过程中，我们需要对它们展现出来的、绝对精神的环节作分析的研究。真理是对绝对精神作为理念和整体的知识，分析的研究远未达到真理。康德对道德的研究，正是一个分析的研究，在先验哲学的原则下，论证道德律是如何可能的问题，其结果就是在形式上论证了道德主体的自我决定的普遍有效性，但是完全摒弃了意志的目的和内容。

黑格尔在考察康德的哲学时"只承认那符合于我的使命的东西"，对康德有很多冷冰冰的挖苦和批判。比如他把康德哲学批评为主观的独断主义，认为康德的道德律中只有形式的抽象同一，但是全无内容。还说"自由在被他们应用到现实世界时却仍是未经发展的、带着抽象性的"②，而康德的道德律"除了只是同一性、自我一致性、普遍性之外不是任何别的东西。形式的立法原则在这种孤立的境地里不能获得任何内容、任何

①[德]康德：《实践理性批判》，韩水法译，商务印书馆1999年版，第35页。
②[德]黑格尔：《哲学史讲演录》第四卷，贺麟、王太庆译，商务印书馆1978年版，第256页。

规定。这个原则所具有的唯一形式就是自己与自己的同一"①。这些带有"片面之处"的批判让很多人感到愤愤不平，认为他对伦理学史上最重要的理论居然是这样一副嘴脸，确实"可恶之极"②。但是这并不意味着黑格尔全盘否定了康德哲学的贡献和真理，这种真理就在于把思维理解为本身具体的，自己规定自己的东西，从而承认了自由。

黑格尔说，在康德哲学的体系中，"思维通过它的推理作用达到了自己认识到自己本身是绝对的、具体的、自由的、最高无上的。思维认识到自己是一切的一切。除了思维的权威之外更没有外在的权威；一切权威只有通过思维才有校准"③。黑格尔肯定了康德所揭示的主观自由的重要意义，认为它标志着主观自由的最纯粹的表述，但是这种主观的自由，在黑格尔看来仍然是不完善的，与宗教中对外部权威的依赖一样，这种主观的自由把权威从外部转移到了自身之内，但是同时仍然是他自己的奴隶。黑格尔用伦理超越道德，以普遍与特殊的同一作为基础把内在的主观性的道德提升为外在的客观性的伦理精神。这既是一种解放，又是一种回归：理性从对立与束缚中解放出来，获得了真正的全面的自由，同时又在与现实的和解中重现了古典伦理的风韵，获得了实体性的力量。

在古典伦理学中，善就是最终极的目的，而这一观点在黑格尔的哲学中获得了新的生命和活力。黑格尔认为善就是自在自为的意志的概念与特殊意志的统一的理念，它是被实现了的自由，是世界的绝对最终目的。同时"善作为通过特殊意志而成为现实的必然性以及同时作为特殊意志的实

---

①[德]黑格尔：《哲学史讲演录》第四卷，贺麟、王太庆译，商务印书馆1978年版，第290页。

②参见周凡：《"伦理"如何超越"道德"——论黑格尔在〈精神现象学〉中对康德道德哲学的批判》，《社会科学战线》，2007年第4期，第42—47页。

③[德]黑格尔：《哲学史讲演录》第四卷，贺麟、王太庆译，商务印书馆1978年版，第256页。

体，具有跟所有权的抽象法和福利的特殊目的相对抗的绝对法"①。也就是说，对于主观意志来说，善是具有绝对本质的东西，而主观意志仅仅当它在见解和意图上符合于善的时候，才有价值和尊严。"善对特殊主体的关系是成为他的意志的本质，从而他的意志简单明了地在这种关系中负有责务。"②也就是说，达到绝对的善，对于主体来说，是义务（Pflicht），但是义务"本身在道德的自我意识中构成这自我意识本质的和普遍的东西，而且这自我意识在它内部只是与自己相关"，也就是说，义务作为一个抽象的概念没有任何内容，"义务所保留的只是抽象的普遍性，而它以之作为它的规定的是无内容的统一，或抽象的肯定的东西，即无规定的东西"③。黑格尔说这正是康德哲学的研究成果，在义务的概念中，表达的是纯粹的不受制约的意志的自我规定。但是一旦我们停留于此，就会把这种哲学上的收获贬低为"空虚的形式主义"，把道德哲学贬低为"关于为义务而尽义务的修辞或演讲"。而要想获得现实的有内容的自我规定，达到真理的普遍性，就必须在主体反思自身的基础上同时走入具体的现实。

三、伦理中现实的自由

在黑格尔看来，只有在伦理中生活的人，才是现实的和个体性的人。在伦理的环节中，人不再是抽象的人格，也不仅仅是道德反思的主体，而是它们二者的统一。作为统一体的人，在具体的法律制度中使自己的人格获得尊重，在伦理生活中对自己的行为进行反思。这样，个人的现实的自由也就同时扬弃了在抽象法和道德领域的抽象性，成为具体的和现实的自由。

古典契约论的自然权利理论中的人，只是抽象的人格，而康德的道德

①[德]黑格尔：《法哲学原理》，范扬、张企泰译，商务印书馆1961年版，第151—152页。
②[德]黑格尔：《法哲学原理》，范扬、张企泰译，商务印书馆1961年版，第155页。
③[德]黑格尔：《法哲学原理》，范扬、张企泰译，商务印书馆1961年版，第157页。

哲学中的人，作为自我反思的主体，只具有抽象的主观性，不涉及具体的内容。无论是人格还是道德主体，它们拥有的自由都是抽象的和片面的自由，以这种自由为基点去解决国家与自由的关系问题，就不可避免地要陷入矛盾之中。黑格尔用伦理生活中具体的现实的人取代了抽象人格和道德主体，就同时克服了他们哲学中的难题和困境。在黑格尔的思维中，坚持的是一种现实性的原则，力求理性与现实的和解是黑格尔的一贯主题，而这种和解的原则被贯彻于国家与自由的关系问题，就是把国家看作是伦理实体。

伦理作为国家理论的最高环节，是一个具体的和现实的环节，包含着具体国家中的各个方面的内容，其主要任务是在逻辑上把伦理实体把握为家庭、市民社会和国家三个环节。

在《精神现象学》中，第六章的全部内容都在论述民族伦理，但是这一章的标题却是"精神"，伦理是一种精神，甚至是"精神的精神"。但是一方面精神并非仅仅以伦理作为唯一的表现形式，另一方面，无论是个体的伦理意识还是民族精神，都不是先验的具有的东西，而是经过了艰难的自我教养之后的结果。因此我们可以说，伦理是现实的精神，是经过了抽象环节的发展，最终在现实中得到实现的精神。

伦理领域的自由作为具体的自由，是带有概念的必然性在其中的，是普遍性和特殊性的统一。自由在抽象法和道德的阶段，都是作为普遍性和特殊性的统一而出现的，都是真实的自由，但是他们作为自由客观化自身的环节，只是表达了自由的某个方面，都带有片面性。抽象法中的自由在契约中实现了普遍性与特殊性的统一，但是此时自由是自在的和直接的自由。道德领域中的自由在主体的自我反思中达到了特殊性与普遍性的统一，但是这种统一是以主观性为基点的，是主观的自由。黑格尔认为要在更高的层次上达到普遍性与特殊性的统一，就要扬弃作为普遍性的直接的自由，以及作为特殊性的主观自由，在伦理的领域实现具体的自由。

当我们用具体和现实这两个形容词来形容自由，就有必要在黑格尔哲学的语境下研究这两个词与通常理解中不同的含义。通常我们说的具体的事物，只是这个或那个事物，在黑格尔看来只有抽象的指示的含义，在这个指示的意义下，我可以指示此事物，也可以指示彼事物。或者在另一种意义上，一个特定的事物也可以被称为是具体的事物，但是此时具体的含义是这个特定事物中的特殊性。黑格尔哲学是用概念追求真理的哲学，在他看来，真理是具体的，也就是说，真理必须通过概念把潜在的必然性展现出来，而我们认识真理，也就是认识真理中的每一个环节，并把环节在整体中加以把握，此时的具体就是不同规定的统一或者说是矛盾的统一。

现实，在通常的意义上，指的是现存的状况。黑格尔《法哲学原理》的序言有一句常常引起纷争和批判的名言："凡是有理性，都是现实的；凡是现实的，都是有理性的。"①批评黑格尔的人认为他的哲学是在为落后的社会现实状况寻找保护和论证，而支持黑格尔的人又说在这句话中包含着以理性为标的的革命性，是对一切不符合理性的现实的颠覆和批判。黑格尔本人在《小逻辑》的序言中对此做了某种程度上的答复和澄清。在黑格尔看来，从逻辑的观点看，"就定在一般来说，一部分是现象，仅有一部分是现实。在日常生活中，任何幻想、错误、罪恶以及一切坏东西、一切腐败幻灭的存在，尽管人们都随便把它们叫做现实。但是，甚至在平常的感觉里，也会觉得一个偶然的存在不配享有现实的美名"②。在黑格尔看来，本质和现象的统一才是现实，现实的内容是内和外的合一。现实在最初的环节上是可能性，与之相对的是偶然性，最高的环节是必然性。在最抽象的意义上，规定本质和现象的同一，就是可能性。任何内容，根据逻辑，断言它表现于外，就是断言了一个可能性，也就是说任何不违反

①[德]黑格尔：《法哲学原理》，邓安庆译，人民出版社2016年版，第12页。
②[德]黑格尔：《小逻辑》，贺麟译，商务印书馆1980年版，第44页。

同一律的东西都是可能的。但是任何可能的东西从内容的相反的方面讲，也是可能的，因而它同时也就是对这种抽象同一的否定性。因而可能性，就其表现而言，可能实现，也可能不实现，这也就是偶然性。必然性是通过条件来实现的，可能性有了实现的条件就是真实的可能性，也就是最初环节上的必然性，必然性表达的内外同一是一个更高的水平上的同一，必然性包含着内外往复的运动。

在自由客观化其自身的过程中，伦理相对于道德而言，是一个更高的实体性环节。在道德的领域中，直接作为法而存在的自由的定在，在自我意识的反思中被规定为善，而伦理则是善和主观性的真理，同时也是主观性和法的真理。"主观的善和客观的、自在自为地存在的善的统一就是伦理，在伦理中产生了根据概念的调和。"①伦理以意志的概念即自由为内容，在黑格尔看来，无论是法的东西还是道德的东西都不能自为地实存，都必须以伦理的东西作为其承担者和基础。"伦理是自由的理念。它是活的善，这活的善在自我意识中具有它的知识和意志，通过自我意识的行动而达到它的现实性；另一方面自我意识在伦理性的存在中具有它的绝对基础和起推动作用的目的。因此，伦理就是成为现存世界和自我意识本性的那种自由概念。"②

在黑格尔看来，无论是抽象法领域的客观的自由，还是道德领域的主观的自由，它们都不会有现实的生活。在前者的领域中，人被抽象为人格，自由对于人而言只是一种可能性中的自由，而在后者的领域中，人是作为主体的存在，被抽离于一切具体的社会关系，作为自我规定的主体，自由只是应然的自由。在黑格尔看来，现实地存在的人总是已经处于一个特定的社会生活之中，在风俗、习惯的教化之下，因此现实的自由生活必定是在社会中的生活。黑格尔所讲的社会也不是我们一般意义上的人群，

①[德]黑格尔：《法哲学原理》，范扬、张企泰译，商务印书馆1961年版，第185页。
②[德]黑格尔：《法哲学原理》，范扬、张企泰译，商务印书馆1961年版，第187页。

而是一个伦理的实体，在这个伦理实体中，不仅仅有各种现代国家的制度和法律，而且也并不压制个体作为反思的理性的存在。

黑格尔说伦理就是"成为现存世界和自我意识本性的那种自由的概念"①，在这个概念之中，既有客观的环节，又有主观的环节，但是它们都是作为伦理的形式而存在的。在作为概念的伦理中，一方面"代替抽象的善的那客观伦理，通过作为无限形式的主观性而成为具体的实体。具体的实体因而在自己内部设定了差别，从而这些差别都是由概念规定的，并且由于这些差别，伦理就有了固定的内容。这种内容是自为地必然的，并且超出主观意见和偏好而存在的。这些差别就是自在自为地存在的规章制度"②。另一方面，"实体在它这种现实的自我意识中认识自己，从而就是认识的客体"③。也就是说在伦理中，善就是实体，在客观的东西中充满着主观性，人们在那些作为伦理实体的内容的规章制度中不自觉地具有伦理观念。伦理性的实体的法律和权力，对于主体而言也不是一种陌生的东西，相反，"主体的精神证明它们是它特有的本质，在这种本质中主体感觉到自己的价值，并且象在自己的、同自己没有区别的要素中一样地生活着"④。伦理实体体现为现代国家的规章、制度和法律，它们是伦理实体的客观化和固定化的合理性，对于作为伦理实体的成员的个人而言，具有着绝对的权威和力量。但是这种约束力，对于伦理实体的成员而言，并不是外在于自己的东西，他们认同这些权威和力量，并且认识到它们同时也是他们自身作为特殊意志的自觉的要求。这样，作为伦理实体成员的个人，在遵从自己的义务，使主观的自由走向现实的过程，也就是服从伦理实体的权威和力量，使得自在的自由得到实现的过程。

---

① [德]黑格尔：《法哲学原理》，范扬、张企泰译，商务印书馆1961年版，第187页。
② [德]黑格尔：《法哲学原理》，范扬、张企泰译，商务印书馆1961年版，第188页。
③ [德]黑格尔：《法哲学原理》，范扬、张企泰译，商务印书馆1961年版，第189页。
④ [德]黑格尔：《法哲学原理》，范扬、张企泰译，商务印书馆1961年版，第190页。

黑格尔指出，人作为现实的个体总是有着各种各样的冲动和要求，但是只有在现代国家的制度和法律中，个体的冲动才能获得合理性形式，成为意志规定的合理体系。"个人主观地规定为自由的权利，只有在个人属于伦理性的现实时，才能得到实现，因为只有在这种客观性中，个人对自己自由的确信才具有真理性，也只有在伦理中个人才实际上占有他本身的实质和他内在的普遍性。"①在伦理实体的现实生活中，个人一方面摆脱了对自然冲动和欲求的依附关系，使得自然冲动和欲求获得了合理性的形式，同时在另一方面也摆脱了空洞的无规定性的主观性，达到了实体性的自由。黑格尔认为在实体性的伦理环节，普遍意志和特殊意志就达到了统一，而在这种统一中，义务和权利也就合而为一了。权利扬弃了在自在自由阶段的抽象的人格的权利，成为具体的实体性的规定，而义务也从片面的主观性的空洞形式中脱离出来，成为有内容的义务。

黑格尔这样描述伦理实体："伦理实体……是现实的实体，是在定在着的意识的多数性中实现着的绝对精神；绝对精神就是这种共同体，这共同体在进入一般理性的实践形态时，对我们来说曾经是绝对本质，而在这里，在它的真理性中，对它自己来说，则是作为有意识的伦理本质、作为对于这个我们当成对象的意识来说的本质而走上前台的。它是自为存在着的精神，因为它在那些个体的互相反映中保持自身，——它又是自在存在的，或者说是实体，一经它把这些包体保持在自身。"②在伦理实体展现自身的过程中，可以从三个方面进行考察。首先是作为直接的或自然的伦理精神，也就是家庭；其次是作为过渡的和否定性的伦理实体，也就是作为伦理精神的现象界的市民社会；最后是作为伦理理念的现实的国家。

---

①[德]黑格尔：《法哲学原理》，范扬、张企泰译，商务印书馆1961年版，第196页。
②[德]黑格尔：《法哲学原理》，邓安庆译，人民出版社2016年版，第271页。

（一）直接的伦理精神——家庭

家庭是直接的或自然的伦理精神。在家庭中，个人在最直接的和天然的意义上就不是独立的人，而是家庭的成员。伦理不同于道德，道德只是主体自身的事情，而伦理涉及主体之外的现实。家庭是最直接的现实。在自然的意义上，个人首先出生于家庭之中，在家庭中作为成员而存在，与家庭的实体性直接地统一在一起。个人作为家庭成员的自由就是最直接的意义上的现实的和具体的自由。

黑格尔说"作为精神的直接实体性的家庭，以爱为其规定"[1]，也就是说，在直接的伦理精神阶段，个人首先是通过作为情绪的主观的爱而认识到伦理精神。伦理作为普遍意志和单个人的特殊意志的统一，伦理首先是一个普遍性的东西，在这个普遍性的东西之中，单个人的意志也有着合法的地位。在家庭中，个体首先通过爱，发现了自己主观的意志和那个普遍的在它的概念中的意志的统一。"在家庭中，人们的情绪就是意识到自己是在这种统一中、即在自在自为地存在的实质中的个体性，从而使自己在其中不是一个独立的人，而成为一个成员。"[2]

伦理实体是一个普遍性和特殊性在个体性中达到统一的阶段，在其直接性的领域，是通过爱这样一种主观的情绪得到自觉的。黑格尔说："所谓爱，一般说来，就是意识到我和别一个人的统一，使我不专为自己而孤立起来；相反地，我只有抛弃我独立的存在，并且知道自己是同别一个人以及别一个人同自己之间的统一，才获得我的自我意识。"[3]在爱的情绪中，我不愿意成为独立的孤单的个人，我如果是这样的人，就会感觉到自己是残缺不全的。黑格尔说，爱是具有自然形式的伦理，在其中直接体现

---

①[德]黑格尔：《法哲学原理》，范扬、张企泰译，商务印书馆1961年版，第199页。
②[德]黑格尔：《法哲学原理》，范扬、张企泰译，商务印书馆1961年版，第199页。
③[德]黑格尔：《法哲学原理》，范扬、张企泰译，商务印书馆1961年版，第199页。

了伦理作为实体，是普遍性、特殊性和个体性的统一的概念。爱必须在另一个人之中才是完整的，也就是说，必须"在别一个人身上找到自己，即获得他人对自己的承认，而别一个人反过来对我亦同"①。

在黑格尔的哲学中，在概念的阶段，自由是一种具体的现实的自由，也是一种交互主体的承认基础上的自由。黑格尔首先从对意识的分析出发论述承认，他认为"自我意识是自在自为的，这由于、并且也就因为它是为另一个自在自为的自我意识而存在的；就是说，它之所以存在只是由于被对方承认"②。自我意识的相互承认就使得自我意识进入了理性领域，而对于自由而言，自在自为是黑格尔对自由的基本规定。因此单个人的特殊意志之间的相互承认，就使得特殊意志扬弃了自身的特殊性，在现实的生活中结合成一个整体。在抽象法的阶段，在抽象人格之间也有承认，此时承认的结果是抽象法对于抽象人格的普遍尊重。在道德的领域，在主体之间也有承认，承认的结果是道德律对于每一个反思的道德主体的普遍有效性。在伦理的领域，承认也相应地进入了更高的阶段，承认的结果是伦理实体对每个人作为现实生活中的个人的普遍尊重。因为伦理是法和道德的真理，任何法的抽象性和道德的主观性都不能脱离伦理而得到实存，相应而言，伦理领域的承认不仅仅在纵向上是对每一个现实的个体的承认，在横向上也是对法作为规则和制度，以及对道德作为主观的自我反思的承认。承认是相互的，而且是互相以对方为中介的，具有双重的逻辑结构：一方首先在向对方的靠近中丧失自身，但是在另一方面，在对方中又确证了它自己本身。

家庭成员之间的爱，是这种承认在直接性层面的表达。抽象的人格或者说片面的反思的主体，首先在爱的情绪中认识到自己是家庭的一个成员，而不是一个孤单的个体。但是爱作为情绪，是主观的和不稳定的，必

---

①[德]黑格尔：《法哲学原理》，范扬、张企泰译，商务印书馆1961年版，第199页。
②[德]黑格尔：《精神现象学》，贺麟、王玖兴译，商务印书馆1979年版，第122页。

然带有偶然性。现代的家庭生活作为伦理实体的直接表现，并不仅仅依靠爱来维系，还通过一系列的家庭制度来保证家庭生活的客观性和稳定性。黑格尔认为家庭是在以下三个方面完成起来的：首先是婚姻，即家庭概念在其直接阶段中所采取的形态；其次是家庭的财产和地产，它们是家庭作为自在自由的意志的概念的定在；最后是子女的教育，在子女的教育过程中，家庭就必然趋向解体，个人就从家庭的直接的统一中脱离出来，走进作为伦理实体的现象界的市民社会。

黑格尔说婚姻是"具有法的意义的伦理性的爱"①，婚姻既不是单纯的肉体的关系，也不是建立在契约上的抽象人格的任意结合。虽然婚姻是以爱为基础的，但是爱作为感觉本身是偶然的和不稳定的，从爱走入婚姻恰恰就是超越了这种感觉的偶然性，通过庄严的仪式以及别人的见证和认可，使得实体性的东西得以完成的过程。婚姻的客观出发点是"当事人双方自愿同意组成为一个人，同意为那个统一体而抛弃自己自然和单个的人格"②。其结果是"感性的、属于自然生活的环节，就作为一种属于伦理结合的外部定在的后果和偶性，而被设定在它的伦理关系中"③。家庭作为普遍的和持续的人格，可以在所有物中具有它的外在实在性，也就是可以拥有所有物。同时黑格尔也认为，为了维持婚姻的稳定，家庭还需要设置持久的和稳定的产业，即财富。因为家庭的结合是单个人放弃自己的人格结合而成的统一体，这样，"在抽象所有物中单单一个人的特殊需要这一任性环节，以及欲望的自私心，就转变为对一种共同体的关怀和增益，就是说转变为一种伦理性的东西"④。家庭对财富的追求不是出自个体的欲望的自私心，而是出于对家庭共同体的关怀。

---

① [德]黑格尔：《法哲学原理》，范扬、张企泰译，商务印书馆1961年版，第201页。
② [德]黑格尔：《法哲学原理》，范扬、张企泰译，商务印书馆1961年版，第202页。
③ [德]黑格尔：《法哲学原理》，范扬、张企泰译，商务印书馆1961年版，第205页。
④ [德]黑格尔：《法哲学原理》，范扬、张企泰译，商务印书馆1961年版，第210—211页。

在家庭中夫妻双方虽然是一个统一体，但是这种统一"只是属于真挚和情绪方面的"，在实存上它分为两个主体。黑格尔说，只有在子女的身上，"这种统一本身才成为自为地存在的实存和对象"，夫妻双方在婚姻中的统一才得到了客观化和客体意义上的实存，"父母把这种对象即子女作为他们的爱、他们的实体性的定在而加以爱护"，"在子女身上，母亲爱她的丈夫，而父亲爱他的妻子，双方都在子女身上见到了他们的爱客观化了"①。财产也是婚姻作为统一体的客观化，但是子女和财产不同，在财产中，统一只是体现在外在物中，而在子女身上，统一体现在精神的东西中，在其中父母相互恩爱，而子女得到父母的爱。

子女有被抚养和受教育的权利。家庭在教养子女的过程中，就把伦理原则作为直接的、还没有对立面的感觉灌输到他们心中，使得他们具有了心情中的伦理生活的基础。但是在另一方面，家庭对子女的教养也使得他们超脱于原来所处的自然直接性处境，达到了独立性和自由的人格，就具有了脱离家庭的自然统一体的能力。黑格尔认为当"子女经教养而成为自由的人格，被承认为成年人，即既有法律人格，并有能力拥有自己的自由财产和组成自己的家庭"之后，就意味着原来的作为统一体的家庭走向了解体。黑格尔说离婚也能带来家庭的解体，但是这只是家庭作为以爱的感觉为基础的统一体的本性中固有的不确定性而带来的解体，它不是家庭作为伦理环节的解体。而由子女的教养而带来的家庭的解体，是伦理实体在概念中从一个阶段走向另一个阶段的发展，是带有概念的必然性在其中的。

由于家庭的解体，个人的任性就获得了自由，家庭作为在概念中的伦理理念，就从原初的以感觉为基础的统一体中走了出来，区别自身和分化自身。同时结合在家庭中的各个环节也从概念中分离出来而成为独立的实在性，这样伦理理念就走入了自身的差别性的阶段。在这个阶段中，伦理

---

① [德]黑格尔：《法哲学原理》，范扬、张企泰译，商务印书馆1961年版，第212页。

理念中的普遍性只是在作为它的形式的特殊性中映现出来，并在反思的关系中显示为伦理的丧失，伦理理念也就进入了自己的现象界，也就是市民社会的阶段。

（二）伦理实体的现象界——市民社会

市民社会是伦理概念发展中的第二个环节。虽然伦理实体是抽象法以及道德在伦理领域的统一，但是在市民社会阶段，这种统一仍然处于一种外在的关系之中，因而表现自身为一种纷争和对立的领域。人格在抽象法阶段获得的抽象的自由，在市民社会中成为个人根据自己的需要而活动的权利，就形成了市民社会的第一个环节，也就是一个需要的体系。主体对需要的体系中人与人之间的关系进行反思，通过颁布法律，按照普遍性来指导意志，就形成了市民社会的第二个环节，也就是司法的环节。最后，作为需要的体系和司法的补充，个人的特殊意志在具体的生活中不仅仅要求自己自由的实现，还要求自己的福利得到促进，而这一环节就是通过市民社会中的警察和同业公会而实现的。

市民的词源和堡垒有关，堡垒的含义是稳固的、坚固的、在地理位置上也有优越性的居住地，而市民就是居住在堡垒中，被堡垒守护而且守护堡垒的那些人。一个堡垒或者几个堡垒的联合就是城邦。在古希腊和古罗马时期，城邦中的市民也就是参加政治活动的公民，他们是有固定的财产，可以参加有关城邦的战争并在城邦的日常事务中参与决定的自由人。直到中世纪后期，市民和公民也仍然是一种财富和政治资格的象征。但是在中世纪末期，随着资本主义经济的发展，很多原来不能参与政治的工商业者、手工业者、农民在新的财富分配形式下取得了财产，形成了第三等级，用市民或公民来称呼自己。因此在现代的意义上，市民和公民是同一批人，只是在指向社会生活的时候，我们大多称呼他们为市民，而指向政治生活的时候我们称之为公民。

　　市民社会在黑格尔的体系中是伦理理念展现自身为对立和矛盾的阶段，"是处在家庭和国家之间的差别的阶段"①。在市民社会中，伦理理念分解自身为普遍性和特殊性两个环节，并且"在自己的这种分解中，赋予每个环节以独特的定在，它赋予特殊性以全面发展和伸张的权利，而赋予普遍性以证明自己既是特殊性的基础和必要形式，又是特殊性的控制力量和最后目的的权利"②。也就是说，在市民社会中，特殊性和普遍性的原则都得到了具体的体现和全面的发展。在特殊性的环节上，市民社会中的个体是各种需要的整体，以及自然必然性与任性的混合体，具体的人作为特殊的人本身就是目的；在普遍性的环节上，每一个具体的人都是通过他人的中介，同时也无条件地通过普遍性形式的中介，而肯定自己并得到满足。这两个方面就构成了伦理理念的实在性环节，而理念只是作为相对的整体和内在的必然性而存在于这种现象的背后。

　　也就是说，在伦理理念的概念发展中，人作为有需要的人，可以尽自己的最大努力来满足自己的需要，但是这种需要的满足并不以直接获取对象的方式来完成，而是获得了它的合理性的形式，也就是以他人为中介，通过他人来实现自己欲望的满足。在这种交互的中介关系中，就形成了市民社会的一系列的制度和法律规定。这就是黑格尔所说的"通过个人的劳动以及通过其他一切人的劳动与需要的满足，使需要得到中介，个人得到满足"③的需要的体系，也就是市民社会的第一个环节。在它满足单个人的特殊需要的同时，包含着理念的实在性原则，这种普遍性的原则就构成了在市民社会中通过司法权对所有权进行保护的环节，也就是市民社会的第二个环节。市民社会的第三个环节是"通过警察和同业公会，来预防遗

---

① [德]黑格尔：《法哲学原理》，范扬、张企泰译，商务印书馆1961年版，第224页。
② [德]黑格尔：《法哲学原理》，范扬、张企泰译，商务印书馆1961年版，第225页。
③ [德]黑格尔：《法哲学原理》，范扬、张企泰译，商务印书馆1961年版，第231页。

留在上列两体系中的偶然性，并把特殊利益作为共同利益予以关怀"①的环节。这样一来，通过警察和同业公会，在需要的体系中占有支配力量的利己的目的，"就在它的受普遍性制约的现实中建立起一切方面相互依赖的制度。个人的生活和福利以及他的权利的定在，都同众人的生活、福利和权利交织在一起，它们只能建立在这种制度的基础上，同时也只有在这种联系中才是现实的和可靠的。这种制度首先可以看成外部的国家，即需要和理智的国家"②。

市民社会作为黑格尔所说的"外部的国家"是在现代世界中形成的，"现代世界第一个使理念的一切规定各得其所"。在市民社会中，无论是法还是道德，它们的抽象性都得到了扬弃，社会成为一个现实的社会，个人也成为具体的人并在需要的体系中互为中介，结合为一个整体。这样，我们在研究国家与自由的关系时，就容易把市民社会等同于国家，对国家合理性的研究就变成了对市民社会合理性的研究。同时，因为市民社会又是一个私利的战场和分裂的状态，那些把国家和个人作为外部的关系相联系的观点就找到了自己的根据和理由了。但是他们实际上只是从经验出发，而不是从理性出发来研究国家，把国家看作是各个不同的人的统一，也就是在共同意志的基础上的统一，其实质只是在市民社会的层次上理解国家而已。黑格尔这样描述市民社会的生活："在市民社会中，每个人都以自身为目的，其他一切在他看来都是虚无。但是，如果他不同别人发生关系，他就不能达到他的全部目的，因此，其他人便成为特殊的人达到目的的手段。但是特殊目的通过同他人的关系就取得了普遍性的形式，并且在满足他人福利的同时，满足自己。由于特殊性必然以普遍性为其条件，所以整个市民社会是中介的基地；在这一基地上，一切癖性、一切禀赋、一切有关出生和幸运的偶然性都自由地活跃着；又在这一基地上一切激情

①[德]黑格尔：《法哲学原理》，范扬、张企泰译，商务印书馆1961年版，第231页。
②[德]黑格尔：《法哲学原理》，范扬、张企泰译，商务印书馆1961年版，第225页。

的巨浪，汹涌澎湃，它们仅仅受到向它们放射光芒的理性的节制。受到普遍性限制的特殊性是衡量一切特殊性是否促进它的福利的唯一尺度。"①

人的需要与动物的需要不同，它超出了本能的倾向，演变为一个复杂而庞大的体系。它作为主观的需要，主要是通过两种途径而获得满足：其一是外在物，其二是活动和劳动。在市民社会的阶段，外在物不仅仅是一个个体的需要对象，同时也是别人需要的对象，而且是别人的意志的所有物和产品；活动和劳动是主观性和客观性的中介，但是活动和劳动也不是某个特殊意志单个的活动，而是处于跟别人的需要和自由任性的关系之中。由于人们的劳动和需要的满足是相互依赖的，所以在需要的体系中，人与人之间的关系就不同于抽象法阶段的抽象人格之间的关系。在抽象法阶段，人格总是处于利己的目的追求特定的物，但是在市民社会的需要的体系中，"每个人在为自己取得、生产和享受的同时，也正在为了其他一切人的享受而生产和取得"②。因此，每个人的劳动产品也不仅仅属于个人，而是属于整个市民社会，是整个社会的普遍而持久的财富，个人只能通过自己特殊性的劳动和技能来分享各不相同的部分。黑格尔说对这个需要的体系的理智的考察就是政治经济学研究的内容，政治经济学在乱纷纷的任性中发现普遍的规定，认识到市民社会的分散和混沌的局面是靠一种自然而然出现的必然性来维系的，就替一大堆的偶然性找到了规律。

由于在对普遍财富的分享中特殊个体受到自己的直接基础（资本）以及技能的制约，而它们是偶然的和各种各样的，这种差异在特殊性的领域中表现在一切方面和一切阶段，就产生了各个人的财富和技能的不平等。在黑格尔看来，"理念包含着精神特殊性的客观法。这种法在市民社会中不但不扬弃自然不平等（自然就是不平等的始基），它反而从精神中产生它，并把它提高到技能和财富上，甚至在理智教养和道德教养上的不

①[德]黑格尔：《法哲学原理》，范扬、张企泰译，商务印书馆1961年版，第225页。
②[德]黑格尔：《法哲学原理》，范扬、张企泰译，商务印书馆1961年版，第239—240页。

平等"①。由于这种不平等以及个人在追求自己的特殊目的时与他人的目的的交互关系，个人就不再局限于他的特殊性，而是与其他个体结合在一起，形成不同的特殊共同体。在共同体中，他们有着同样的需要、同样的手段和劳动、同样的满足方式，甚至同样的教养水平。个人分属于这些共同体，就形成了等级。黑格尔区分了三个等级，即实体性的或直接的等级、反思的或形式的等级，以及普遍的等级。在黑格尔看来，等级的区分是合理的，有其必然性的，但是每一个个体属于哪个等级，则是可以选择的，是由个体的特殊意志也就是任性的自由决定的，而不应该由他人或出身来决定。

在需要的体系中，个人自觉地超越了自己的特殊性，在满足自己的需要的同时也满足着其他人的需要，这就使得需要的体系成为对个人而言的普遍物，现实地具有了自在自为的普遍性。"需要跟为满足需要的劳动之间相互关系中的关联性，最初是在自身中的反思，即在无限的人格、（抽象）法中的反思。但是，正是这种关联性的领域，即教养的领域，才给予法以定在；这种定在就是被普遍承认的、被认识的和被希求的东西，并且通过这种被认识和被希求的性格而获得了有效性和客观现实性。"②这也就是在现实生活中，司法对所有权的保护。这种保护的根基在于包含在需要的体系中的自由作为普遍物的现实性。也就是说，在抽象法的阶段作为自由的定在的所有权，在市民社会的需要的体系中被提升为普遍物而存在，这种自由作为普遍物，在现实中的体现就是司法应用法律对所有权的保护。由于在市民社会中所有权和人格都得到了法律的承认，所以犯罪就不再只是侵犯了主观的无限的东西，而且侵犯了普遍物。这样就需要在市民社会中的一个特殊部门——法院，对犯罪进行惩罚。法院代表的是一种公共权力，是一个普遍物，代表整个市民社会的普遍利益，"跟法的特殊意

①[德]黑格尔：《法哲学原理》，范扬、张企泰译，商务印书馆1961年版，第240页。
②[德]黑格尔：《法哲学原理》，范扬、张企泰译，商务印书馆1961年版，第247页。

志和意见相对立，……独立自主……不带有对特殊利益的主观感情"①。

市民社会的司法体系在黑格尔看来是很狭窄的仅仅考虑到对所有权的保护的体系，在市民社会中，还需要警察和同业公会来保护个体在所有权之外的特殊目的。警察（Polizei）"在黑格尔的用语中，指广义的内务行政而言，除了军事、外交财政以外，其它一般内政都包括在内"②。警察相对于司法而言，是在特殊性中的现实的法，它"要求把阻挠任何一个目的的偶然性予以消除，以策人身和所有权的安全而不受妨害，又要求单个人生活和福利得到保证——即把特殊福利作为法来处理，并使之实现"③。在黑格尔看来，警察主要有三个方面的工作，那就是打击犯罪、替代家庭的功能以及救济贫困。同业公会也是现代市民社会物质生活制度的重要补充，它是产业等级特有的。"市民社会的劳动组织，按照它特殊性的本性，得分为各种不同部门。特殊性的这种自在的相等，在组合中作为共同物而达到实存；因此，指向它的特殊利益的自私目的，同时也就相信自己并表明自己为普遍物，而市民社会的成员则依据他的特殊技能成为同业公会的成员。"④也就是说，同业公会的目的是普遍的，但是同时又是完全具体的。同业公会作为其成员的第二个家庭而出现，在其中，成员对利益的追求从特殊意志的意见和偶然性中，从自己危险和对他人的危险中解放出来，并且得到了承认和保证，同时又被提升为对一个共同目的的自觉活动。黑格尔说同业公会是除家庭之外，构成国家的第二个基于市民社会的伦理根源。在同业公会中，"最初在市民社会中分解为在自身中反思的需要和满足的特殊性，以及抽象法的普遍性这两个环节，以内在的方式统一起来了，结果，在这个统一中，特殊福利作为法而出现并获得了实

---

①[德]黑格尔：《法哲学原理》，范扬、张企泰译，商务印书馆1961年版，第261页。
②引自[德]黑格尔：《法哲学原理》，范扬、张企泰译，商务印书馆1961年版，第270页译者注。
③[德]黑格尔：《法哲学原理》，范扬、张企泰译，商务印书馆1961年版，第270—271页。
④[德]黑格尔：《法哲学原理》，范扬、张企泰译，商务印书馆1961年版，第283页。

现"①。

从上面的分析我们可以得出结论，黑格尔的市民社会是一个伦理理念的现象阶段，在这个阶段中，充满着对立和矛盾。个体的物质追求通过交互主体的相互中介而获得了合理性的形式，我的需要被别人承认并通过别人的劳动而得到满足，在另一方面，我也承认别人的需要并通过自己的劳动满足别人。需要的体系以及满足需要的方式和途径也有一系列客观化和固定化的法律表达，就是对所有权进行保护的司法。而且，为了处理法律所忽视的偶然性的事情，还有警察和同业公会作为补充。个体作为市民社会中的一个成员，就同时扬弃了抽象法阶段的人格和道德领域的反思的主体，而成为现实的和具体的行动的个人，自由也就从客观的自由和主观的自由进展到了现实的和具体的自由。不过在市民社会中，与人的行为相关的各种物质生活制度对于个人而言，还只是外在地联结在一起的，它们获得承认的原因在于人们出于自己的需要和理智的考虑。市民社会的普遍和统一只是相对的，真正的普遍和统一只有在国家中才能得到实现。

（三）伦理理念的现实——国家

黑格尔所讲的国家与我们通常理解的民族国家不同，在黑格尔的理解中国家作为伦理理念展现自身的最高阶段，代表的是伦理理念中的必然性的环节。民族国家是历史中形成的带有偶然性的具体存在，黑格尔说历史的发展既有理性的维度又有感性的维度，历史中具体存在的民族国家是理性和激情的双重结果。但是如果我们要对国家形成具有真理性的知识，就要从逻辑和概念的必然性上来理解国家，讨论现代国家的合理性。黑格尔说："国家是伦理理念的现实——是作为显示出来的、自知的实体性意志的伦理精神，这种伦理精神思考自身和知道自身，并完成一切它所知道

---

①[德]黑格尔：《法哲学原理》，范扬、张企泰译，商务印书馆1961年版，第285页。

的，而且只是完成它所知道的。"①

在黑格尔的思辨逻辑中，概念的发展在大圆圈中套着小圆圈，小圆圈作为大圆圈的环节体现着概念的不同方面，但是自身也是一个统一体。在自由客观化自身的过程中，国家就是这许多圆圈式发展的最高点。在黑格尔用思辨逻辑的方式研究国家的过程中，国家不仅仅是家庭和市民社会的真理，而且是法和道德的真理。国家是一个共同体，在其中，理性意志的全部内容显现于公共生活中，就使得国家自身展现为三个环节，即王权、行政权和立法权。王权代表的是国家作为伦理实体中的主观性原则，是作为人格的国家。而行政权是把公民生活中各种特殊性纳入普遍性的关照之下的使特殊从属于普遍物的权力。立法权处理的是国家作为伦理实体中的自在自为的普遍物，也就是个人的权利和义务问题，体现着国家之中作为普遍意志的自由理念。

国家是真正意志的展现，充分实现了国家调和着得到充分展开的个体主体性和普遍性，因而是具体的自由。"国家是绝对自在自为的理性的东西，因为它是实体性意志的现实，它在被提升到普遍性的特殊自我意识中具有这种现实性。这个实体性的统一是绝对的不受推动的自身目的，在这个自身目的中自由达到它的最高权利。"②

黑格尔认为现代国家是"自由依据意志的概念，即依据它的普遍性和神圣性而不是依据主观偏好的现实化"③。相对于家庭和市民社会而言，国家乃是绝对普遍的东西。市民社会中只是具有形式的普遍性，人们的需要采取交互主体的普遍形式而得到满足，但是需要的内容却是特殊的，因此在市民社会中满足需要的体系就是一个各自为政的分离的体系。与之不

---

①[德]黑格尔：《法哲学原理》，范扬、张企泰译，商务印书馆1961年版，第288页。

②[德]黑格尔：《法哲学原理》，范扬、张企泰译，商务印书馆1961年版，第289页。

③[德]黑格尔：《法哲学原理》，范扬、张企泰译，商务印书馆1961年版，第296—297页。

同的是，在国家中，不仅仅存在交互主体的普遍形式，而且个体作为国家的公民还把国家作为自己最高的和唯一的目的，这样，就达到了普遍性的形式和特殊意志的内容之间的统一。因此国家具有神圣性，决不是任性的自由在契约基础上的结合。在国家之中，任性的自由获得了合理性的形式，成为现实的和具体的自由。

在国家的制度和法律中，个体才获得了他真正的和现实的自由。"国家是具体自由的现实；但具体自由在于，个人的单一性及其特殊利益不但获得它们的完全发展，以及它们的权利获得明白承认（如在家庭和市民社会的领域中那样），而且一方面通过自身过渡到普遍物的利益，他方面它们认识和希求普遍物，甚至承认普遍物作为它们自己实体性的精神，并把普遍物作为它们的最终目的而进行活动。"①

"国家通过自身过渡到普遍物的利益"，是通过在两个方向上的努力而实现的。首先，在国家中生活的公民在自身的活动中希求作为普遍物的自由理念。这就需要公民在自身之中达到对国家的理性的理解，也就是说要理解到国家不是简单地通过需要的体系来满足不同的特殊利益，而是通过一种理性的秩序来追求那最终的善。在这种最终的善的关照下，个人就从市民社会中对特殊利益的追求中超脱出来，通过参与国家事务而承认和维护在国家中具有根本地位的普遍利益，并把这个利益作为他们自己的利益而加以追求，就使得个人的行为带有了意义。其次，国家作为伦理实体，通过政治制度而深入到个人生活的方方面面，并通过风俗、习惯和民族精神而教化作为公民的个人。这样，国家就和家庭与市民社会一起，使得个人自己特殊利益不仅在家庭和市民社会里得到具体的规定，而且在国家中受到制度和法律的保护，最终得到了全面的发展。

现代国家的原则是一个伦理理念的原则，在这个原则中，个体除了

---

①[德]黑格尔：《法哲学原理》，范扬、张企泰译，商务印书馆1961年版，第296页。

具有自己特殊的追求，并且通过自身把这种追求过渡为普遍的目的和追求之外，还自觉地认识和希求普遍物，承认普遍物是自身活动的最终目的。也就是说个体在国家的物质生活中使得特殊意志对物的欲求具有了合理性形式，而在国家的政治生活中使得独立的个人的特殊性获得了一种实体性的含义。国家包含了市民社会中形式的普遍性和家庭中感觉的同一性于自身，使得自身成为在实体性基础上的普遍、特殊和个体的统一。黑格尔说："现代国家的本质在于，普遍物是同特殊性的完全自由和私人福利相结合的，所以家庭和市民社会的利益必须集中于国家；……只有在这两个环节都保持着它们的力量时，国家才能被看作一个肢体健全的和真正有组织的国家。"[①]

黑格尔认为国家作为机体就是它的政治制度，它们是理念向它的各种差别的发展的结果，在国家中被划分的政治制度的不同方面就是各种不同的权利及其职能和活动领域。通过它们作为理念和普遍物的国家不断地合乎必然性地创造着自己，同时又在同一个活动中保存着自己。黑格尔说国家依据概念的本性在本身中区分和规定自己的活动，其结果就是使得国家政治制度中的每一种权力都是一个整体，"因为每一种权力实际上都包含着其余的环节，而且这些环节（因为它们表现了概念的差别）完整地包含在国家的理想性中并只构成一个单个的整体"[②]。国家权力的划分在黑格尔看来是伦理理念作为概念向自身差别的发展，因此有着概念上的必然性。作为概念，国家是个体性、普遍性和特殊性的统一，而国家的权力，也相应地划分为王权、立法权和行政权。黑格尔说立法权就是规定和确立普遍物的权力，对应的是普遍性的环节；行政权是使各个特殊领域和个别事件从属于普遍物的权力，对应的是特殊性的环节；王权，"作为意志最后决断的主观性的权力，它把被区分出来的各种权力集中于统一的个人，

---

①[德]黑格尔：《法哲学原理》，范扬、张企泰译，商务印书馆1961年版，第297页。
②[德]黑格尔：《法哲学原理》，范扬、张企泰译，商务印书馆1961年版，第322页。

因而它就是整体即君主立宪制的顶峰和起点"①。

在黑格尔的哲学中，个人的自由的具体的和现实的实现就是意味着个人作为公民参与到在国家作为伦理理念的关照下的家庭生活、市民社会的物质生活以及国家的政治生活中，分享其权利，并在分享和拥有自己的特殊权利的同时，也承认别人的特殊权利，而且在对自己的特殊权利的追求中始终坚持着对国家作为伦理理念的关照。

黑格尔的国家理论在一个全新的视角中解决了国家与自由的关系问题。他从思辨逻辑的概念发展出发，把自由在现实中得到客观化的过程描述为经过普遍性、特殊性最终达到个体性的过程，并把国家在逻辑上建构为家庭和市民社会的真理。自在自为的意志作为概念展现了自身从直接性到间接性，最后到整体性的发展，经历了抽象法中的自在的自由以及道德领域的反思的主观的自由，最后进展到现实的和具体的自由。

---

①[德]黑格尔：《法哲学原理》，范扬、张企泰译，商务印书馆1961年版，第326页。

第三章

黑格尔国家理论的核心环节

　　自由经过了抽象的自由、反思的自由的艰辛发展，最终在伦理实体中成就了现代国家的合理性，达到了精神与客观现实的和解，以及自由的具体的和现实的实现。黑格尔就在自己的国家理论中把个人作为国家的公民，也就是现实的和具体的人而加以考察。这种考察方式扬弃了作为古典契约论的自然权利理论研究对象的抽象个人，恢复了古典伦理学中个人与国家的实体性结合，同时使康德道德哲学中反思的自我获得了自己的合理性地位，主观性成为国家中公民的内在特征。

　　不了解前面所说的从抽象法、道德到伦理之间的逻辑环节，就很难理解黑格尔在面对国家与自由的关系问题时对古典契约论以及康德道德哲学的超越。但是黑格尔的国家理论，并不是要研究国家中的成文法或者伦理风俗，而是要研究个人的自由在国家之中的实现。个人的自由通过家庭、市民社会以及国家三个环节而在国家的伦理实体中得到具体的和现实的实现，它们是个体在国家中实现自由的环节，也是黑格尔国家理论的核心环节。马克思在《黑格尔法哲学批判》一文中对黑格尔的批判也是集中在这几个环节之上。

　　国家理念作为建构起来的伦理实体，在政治制度中体现为王权、行政权和立法权三个环节，它们是个人与国家达到实体性统一的中介。国家对内表现自身为内部的国家制度，但是对外表现自身为单一的排他的人格，因此不可避免地要和其他民族国家处于关系之中，在逻辑上就被黑格尔把握为国际法。最后，现实的国家总是具有特殊性的民族国家，是历史发展的结果，黑格尔用世界精神的观点在历史的发展中把国家看作自由客观化自身的进程。

黑格尔的哲学坚持一种实体即主体的原则，在实体的发展中贯穿自由的生命原则，在主体的反思中坚持客观性，因此是一个现实的和具体的原则。这种原则被应用于分析作为伦理实体的国家，就给我们了解国家中纷繁芜杂的具体环节提供了指示。个人在现实生活中是一个主客统一体，有主观的方面，也有客观的方面。个人的自由如何在国家之中得到实现，个人如何在国家之中使自己的主观性得到贯彻，如何在贯彻主观性之中坚持客观性等问题，是"伦理实体与个人"一节的主要研究内容。

黑格尔的国家理论是一种思辨的逻辑体系，概念作为一个普遍性、特殊性和个体性的统一体，在国家的内部制度中就表现自己为王权、行政权和立法权。它们是个体自由与国家之间的中介环节，个人通过参与国家政治生活而认识到自己的特殊意志追求普遍物，而国家也通过政治制度深入个体生活的各个方面，达到普遍与特殊的统一。本章将在"伦理实体和政治制度"中具体分析个人自由与整体自由，个人与国家之间通过中介而达到具体统一的过程。

国家对内表现为内部的国家制度，对外表现为排外的单一人格。因为现实生活中的国家总是历史发展中的特殊的民族国家，在民族国家之间，就必然存在着相互的关系。黑格尔认为，当国家作为伦理实体的单一性出现在国家关系之中，就使得国与国之间处于一种相互外在的和对立的状态。这也就是"现代国家间的关系"中主要论述的内容。国与国之间的对立，是不同伦理实体之间的关系问题，在黑格尔看来不能通过伦理实体的发展而得到扬弃。这样就必须进入一个在逻辑层次中更高的环节，也就是世界精神和世界历史的环节。这是本章在"现代国家的历史发展"中所要论述的主题。

在黑格尔的国家理论中，自由意志的理念是他关注的中心，法、道德与伦理，乃至家庭、市民社会与国家都是自由意志客观化自身的环节，都因为贯穿于其中的各个层次的精神而有其意义和价值。马克思因此批判黑格尔颠倒了观念和现实之间的真实关系。与此相关的问题是，自由如何在现实中得到具体的体现，理性作为伦理实体中的精神，如何与拥有特殊意志的个人达到和解，如何在现实的政治制度中切实地保障个体自由，如何处理与其他国家间的关系，乃至如何在历史的发展中使自己的民族精神趋向于普遍精神中自由的理念，它们都是需要我们进一步分析的问题。

一、伦理实体与个人

国家是自由客观化自身的最高环节，而自由的具体和现实的实现是以个人为载体的，这样，个人与国家的关系问题就成为国家理论的重点问题。在黑格尔看来，国家不是原子式的个体通过契约在共同意志的基础上组成的共同体，而是一个伦理的实体，其中，现实的个人的抽象特殊性与作为普遍物的国家相结合而成为单个的个体性，就同时扬弃了个人的抽象性和国家作为普遍物的形式上的空洞性，使人不仅仅成为人，而是成为某种人，也就是现实的和具体的人。这种现实的和具体的人首先作为家庭的成员而出现，在家庭解体之后就走入市民社会，在需要的体系中与他人处于一种外在的承认关系之中，最后作为国家的公民，通过参与国家事务而达到与伦理中实体性力量统一。

对人的关注和论述是哲学永恒的主题，黑格尔哲学也是如此。黑格尔的国家理论要解决国家与自由的关系问题，自由作为精神的本性，首先是在个体的生命中得到体现的，同时个人还是精神回复自身的重要环节。但是黑格尔并不是抽象地讨论人，而是把人置身于家庭、市民社会和国家之中，作为现实的和具体的人而加以研究。作为具体的人，国家中的公民在与伦理实体的普遍性力量达到统一之后，仍然不丧失自己的主观性和特殊性，并在国家之中使得它们得到最大限度的发展。要理解黑格尔在伦理实体中所说的具体的人，我们先要回顾一下历史上作为哲学对象的几种人，以及从这些不同的人出发的对个人与国家关系问题的解答，进而在对这些观点的分析中，理解黑格尔哲学对以往哲学的继承和超越。

（一）城邦中的公民

城邦中的公民是哲学史上首先被作为对象而加以研究的人。概括而言，城邦中的公民天然地生活于城邦之中，通过对城邦的爱而与城邦直接地联系在一起，类似于家庭成员与家庭之间的关系，其中，个体与整体有一种实体性的一致。这种一致性是一种未经反思的一致性，一旦主体的反思作为破坏性的环节出现于城邦的公民之中，就带来了城邦的解体。

黑格尔在他的哲学中恢复了个体与整体的实体性联系，认为这是对"家园"的回归。"一提到希腊这个名字，在有教养的欧洲人心中，尤其在我们德国人心中，自然会引起一种家园之感。……凡是满足我们精神生活，使精神生活有价值、有光辉的东西，我们知道都是从希腊直接或间接传来的……所以当欧洲的人类返回自己的家中正视了现在之后，他在历史中所受的外来成分才得以扬弃。"①黑格尔说："之所以对希腊人有家园之感，乃是因为我们感到希腊人把他们的世界化作家园；这种化外在世界为家园的共同精神把希腊人和我们结合在一起。"②希腊人的家园是他们的城邦，若要理解希腊人的生活，探究在城邦中生活的公民，就必须首先对城邦以及城邦的组织和生活方式有所了解。

城邦是一个古希腊地理和人文因素的共同影响下所特有的存在现象。"城邦是一种联合体。……雅典人同时属于四种不同的社会组织，他同时

①[德]黑格尔：《哲学史讲演录》第一卷，贺麟、王太庆译，商务印书馆1959年版，第157页。

②[德]黑格尔：《哲学史讲演录》第一卷，贺麟、王太庆译，商务印书馆1959年版，第158页。

是家庭、胞族、部落、城邦的一员。"①公民是天生地就和城邦结合为一体的，但是城邦中的公民并不包括奴隶和外邦人，城邦是坚固的堡垒，但是它只保护那些能够作战、有自己财产的公民，奴隶只是会说话的工具，而外邦人虽然可以说是生活于城邦之中，但是却不属于城邦。城邦和个人之间是一种直接的统一关系，他们信仰共同的或有相容性的宗教，崇拜共同的神祇，从而使得他们的生活建立在一种稳定的联合之上。

菲斯泰尔·德·古朗士（Fustel·de·Coulanges）经过对城邦的宗教和祭祀活动的研究，给我们描绘了这样的一幅城邦生活的图景："城市建立在宗教之上，其组织如同教会一样。因此，它的力量由此而出，国家之上，国家对人民的绝对控制也由此而出。建立在这种原则之上的社会是不存在个人自由的。公民在一切事情上都绝对服从城市，而无任何保留。公民的身体和灵魂都是属于城市的。宗教产生国家，国家支持宗教，两者相互支撑，合而为一。这两种力量联合在一起，成为一种几乎是超人的力量，人们的精神和肉体同受其控制。"② "人毫无自主之处，他的身体是属于国家的，有保卫国家的义务。……私人生活也在国家的控制之下。雅典法律以宗教的名义禁止男人独身。斯巴达不仅惩罚那些独身的人，而且还惩罚晚婚者。……国家甚至在最细小的事情上也是专断的。……国家没有义务容忍畸形的公民。因此，国家命令生育了这种孩子的父亲将其子处死。……国家不允许任何人对其利益漠不关心。哲学家或好学之士也无权隐居。……国家认为，每个公民的身体与头脑都是属于它的。……个人没有选择信仰的自由。他必须相信且服从其城市的宗教。"③古朗士由此得出结论："古人既无私人生活的自

---

①[法]库朗热：《古代城邦——古希腊罗马祭祀、权利和政制研究》，谭立铸等译，华东师范大学出版社2006年版，第118页。

②[法]菲斯泰尔·德·古朗士：《古代城市——希腊罗马宗教、法律及制度研究》，吴晓群译，上海人民出版社2006年版，第247页。更为细致的研究参见此书"城市"卷内容。

③[法]菲斯泰尔·德·古朗士：《古代城市——希腊罗马宗教、法律及制度研究》，吴晓群译，上海人民出版社2006年版，第247—249页。

由，无教育的自由，也无宗教的自由。……以为古代城市中的人们是自由的这种想法实在是大错特错的。实际上，他们甚至从未有过此想法。他们不相信存在任何权利可以反对城市及其诸神。"[1]

黑格尔同样认为在城邦中生活的人，与他们的习俗处于一种实体性的结合之中。但是与古朗士不同的是，黑格尔从精神的发展角度理解城邦中个人与公共生活的合一，他认为城邦的生活在对公民生活的控制之外，更重要的是有一种实体性的力量。"共同体被看作是一个生活或主体性的场所，诸个体是那个共同体的诸片段。共同体是精神的体现，是比个体更充分、更实质性的体现。"[2]黑格尔认为希腊人在精神的发展历史中处于一种自然和精神直接合一的阶段，这个阶段站在抽象的主观性和抽象的客观性之间，既是自然的，又是精神的，是一个"美"的阶段。"希腊人以自然与精神的实质合一为基础，为他们的本质；并且以这种合一为对象而保有着它、认识着它，——不过并不沉没在对象之中，而是回复到自身之内，——他们并没有退回到形式主观性的极端；而是与自身为一体，因此是自由的主体，仍以那最初的合一为内容、本质与基质，——作为自由的主体，将其对象陶铸为'美'。"[3]"希腊是那个同时是个别的、'实体的'、而被战胜了的'普遍的东西'。"[4]

在希腊生活中，除了个人与实体性因素保持自在的统一性之外，希腊还有一种理性和自由的精神。黑格尔说，希腊精神的基本性格使"文化起源于各独立的个体——在这一种情形之下，各个人都保持他自己的地位，

---

[1][法]菲斯泰尔·德·古朗士：《古代城市——希腊罗马宗教、法律及制度研究》，吴晓群译，上海人民出版社2006年版，第249—250页。

[2][加]查尔斯·泰勒：《黑格尔》，张国清、朱进东译，译林出版社2002年版，第579页。

[3][德]黑格尔：《哲学史讲演录》第一卷，贺麟、王太庆译，商务印书馆1959年版，第160页。

[4][德]黑格尔：《历史哲学》，王造时译，上海书店出版社2006年版，第211页。

并不从开始就依靠家长制那样团结于'自然'的约束之下，而是通过了别的媒介——通过了'精神'所认可的'法律和风俗'所造成的结合"①。正是这种个体的自由和反思最后带来了城邦作为直接统一体的消亡以及城邦生活的内部解体。

直接导致希腊世界的腐败的原则就是那种自己为自己取得解放的内在性，黑格尔认为在希腊的各个城邦中，普遍的原则还没有得到确立，精神也就仍然受到限制。"在希腊世界中，自在自为地存在着的永恒事物由思想发挥出来，得到自觉；不过虽然如此，主观性依然具有偶然的性质与它相对立，因为基本上它还是与自然性有关联的。"②黑格尔因此说在希腊城邦发展的后期，之所以无法继续在世界历史的发展过程中占据主导地位，是因为"在一切事物中自己理解自己和表现自己的'主观性'，威胁了整个直接的现行局面。所以'思想'便在这里出现为腐败的原则——就是'实体的'道德的腐败"③。思想和主观的自由"促成了一种对峙，并且在本质上使各种理性原则抬头"④，也就是使得主观性的地位得到了提升，使希腊人从自然与精神的直接的合一中分离出来。黑格尔认为这种主观性的精神首先在希腊城邦之中萌芽，并作为一种破坏性的力量而出现。"那一种主观的自由——它形成我们的世界里的自由的形态，它形成我的政治和宗教生活的基础，它不能够出现在希腊，除非出现为一种破坏的因素。"⑤

主观性的精神，首先体现在诡辩哲学家们的哲学原则中。其中最著名的一个原则就是"人是万物的准绳"。黑格尔认为，在这个原则和诡辩哲学家们的一切格言中，都包含着一个模棱两可的性质，因为"人"，既可

①[德]黑格尔：《历史哲学》，王造时译，上海书店出版社2006年版，第212页。

②[德]黑格尔：《哲学史讲演录》第一卷，贺麟、王太庆译，商务印书馆1959年版，第161页。

③[德]黑格尔：《历史哲学》，王造时译，上海书店出版社2006年版，第249页。

④[德]黑格尔：《历史哲学》，王造时译，上海书店出版社2006年版，第249页。

⑤[德]黑格尔：《历史哲学》，王造时译，上海书店出版社2006年版，第236页。

以代表深刻和真实的精神，也可以代表个人的好恶和特殊的利益。在这个命题之下，个人的好恶首先被当作公理的原则，因此就把主观方面认为是正当的理由当作最后的准绳了。

诡辩哲学家们的这个原则敲响了希腊城邦消亡的丧钟，真正给予希腊城邦中自然与精神直接合一的"美"的精神根本性打击的是哲学家苏格拉底。在苏格拉底那里，思想绝对在其自身之中的独立性原则，也就是内在性原则，得到了自由的表现。黑格尔称他为"道德的发明者"，苏格拉底之后，"有道德的人并不是那种仅思想、行为正直的人——并不是天真的人——而是那种意识到自己所作所为的人"[1]。在苏格拉底看来，理性是比习俗更高的决定力量，真正的善的共相应该出于理性而不是人云亦云。因此在他看来，知识和对知识的确信应该成为人类行为的决定者，有理性的人可以作最后的决定。因此，在苏格拉底的对话中，个人就同国家和风俗处于一种对立的地位，而他对于善的共相的追求在客观上却带来了对国家的现存的伦理观念的损害，同时也带来了哲学史上最著名的悲剧。由于主观性的内在世界的发现，主观性与现实的分离也就随之而起。

城邦的实体性原则丧失了在历史中的优势地位之后，代之而来的是个体性的原则，是个体主观性的兴起。在世界历史的发展中，城邦的存在也被个人的存在所取代。"使我们感到兴趣的，不再是这些国家的命运，而是那些伟大的个人，他们崛起于普遍的腐化之中，光荣地为他们的国家服务。"[2]个人的主观性和人格的发展，就带来了具有抽象的普遍性的自由，而这种自由是以抽象的人格为基础的。

（二）抽象的个人

城邦的消解是历史发展的必然结果，在苏格拉底的时代，主体性的精

①[德]黑格尔：《历史哲学》，王造时译，上海书店出版社2006年版，第251页。
②[德]黑格尔：《历史哲学》，王造时译，上海书店出版社2006年版，第257页。

神就已经在思想中有了萌芽，而笛卡尔以来近代哲学的发展则带来了主体性地位的提升。主体性地位的高扬首先带来了哲学上认识论的转向，近代哲学家们认为只有从自我的反思出发才能证明真理，而且他们大都接受了理性的自由原则，认为精神的自由态度是获得真理的必要条件，而人作为主体就是所有的真理的价值之所在。这就是对人从抽象的方面加以研究的时期，以这种抽象的人为出发点，去解决国家与自由的关系问题，就产生了在对人性的抽象反思基础上的自由主义的国家的学说。

在自由主义的观点中，每个人都是自由的个体，都有权以自我为出发点来决定自己的思维和行动。近代以来，人们在通常意义上对自由的理解都是以自由主义为背景的，对他们而言，"自由是只受法律制约、而不因某个人或若干人的专断意志受到某种方式的逮捕、拘禁、处死或虐待的权利，它是每个人表达意见、选择并从事某一职业、支配甚至滥用财产的权利。它是每个人与其他人结社的权利，结社的目的或许是讨论他们的利益，或许是信奉他们以及结社者偏爱的宗教，甚至或许仅仅是以一种最适合他们本性或幻想的方式消磨几天或几小时。最后，它是每个人通过选举全部或部分官员，或通过当权者或多或少不得不留意的代议制、申诉、要求等方式，对政府的行政施加某些影响的权利"[①]。自由主义形成于17世纪的英国。在洛克的《政府论》中，自由主义的思想首次获得了经典的表达：自由是自然的人类状态，自由优先于权威，政治生活是自然状态中人们约定的结果，其目的是保障个体的天赋的自由。

黑格尔认为，"人类天性上是自由的这句话，在一种意义上是不错的。就是说，依照他的概念，也就是依照他的使命，他是自由的，那就是说，他只有在本身是自由的"[②]。但是自由主义者们说人类天性上是自由的，其

---

①[法]邦雅曼·贡斯当：《古代人的自由与现代人的自由》，阎克文、刘满贵译，冯克利校，上海人民出版社2005年版，第34页。

②[德]黑格尔：《历史哲学》，王造时译，上海书店出版社2006年版，第37页。

含义却不仅仅如此，其中不仅包括了他的概念和使命，还包括了他的生存方式。也就是说，自由主义者们假定了一种自然状态，在自然状态中，"全人类拥有他们的天然权利，得以无约束地行使和享有他们的自由"①。

如果说城邦中的公民是作为家庭的成员而生活在城邦之中，那么抽象的个人所对应的阶段就是黑格尔所说的市民社会的阶段。在这个阶段中，普遍性只是作为潜在的本质而存在，个人的实存是和本质相对的现象。自由主义观点下的个人，是建立在对抽象人性研究基础上的单个的人，人作为单个的人，在现实生活中只追求自己需要的满足，在政治生活中只关注自己的权利和利益。国家是个人通过契约结合而成的外部的国家，在其中个人和国家是一种目的和手段的利用关系，个人利用国家的强力保障自己的自由，而国家也通过每个人都让渡给它的权利而有存在的合法性。

把这种抽象的自我作为人的本质的观点，带来了在政治思想中的消极立场。从抽象自我的自由出发的自由主义理论，否认政治生活除了服务于抽象的个人之外，还有别的更高的目的，"这种政治指向使得法律导源于人性的基本需要，从而摒弃了赋予人性以更高目的的优良品质的可能性；同时它又将国家提升为保障这种指向所预设的道德匮乏的个体的生存和繁衍的惟一手段。……自由主义政治就在提升与防范国家之间摇摆，与此同时这又使得对社会与人性的思考游离于完美与邪恶的幻境之间"②。

同时这种在抽象人性基础上的对个人的尊崇，使得人类的主观性，以意识的内在性为基础的记忆得到了高扬。抽象的人的观点带来的是一种充满矛盾和纷争的生活，在其中现象具有两种性质，它可能反映本质，也可能是假象。这样就带来了市民社会中对恶的信仰，恶被认为是一种世俗生活的巨大的权力。

---

① [德]黑格尔：《历史哲学》，王造时译，上海书店出版社2006年版，第37页。
② [法]皮埃尔·莫内：《自由主义思想文化史》，曹海军译，吉林人民出版社2004年版，第3页。

（三）现实的和具体的人

在黑格尔的国家理论中，现实的和具体的人是国家中的公民。此时，城邦与公民之间直接性的统一以及抽象人格之间的外在分离都得到了扬弃。此时，公民通过参与国家政治制度而实现与实体性力量的一致，个人与国家之间的统一就成为有中介的也就是有环节的具体的统一。另外，抽象的人也扬弃了自己的抽象性和主观性，通过走入了现实的环节而获得了具体性和现实性。只有在国家之中的公民，才是现实的和具体的人，也只有在国家中，个人的权利和自由才得到具体的实现。

国家中的公民首先应该是一个意识健全的有机体。而个人成为国家公民的过程就是精神在个体的环节中通过教化而展现自身为精神的过程，这个过程首先在《精神现象学》中得到了具体论述。《精神现象学》在黑格尔的庞大的哲学体系中占有重要的地位，马克思把它看作"黑格尔哲学的真正起源和秘密"。在《精神现象学》一书中，黑格尔"从最初的、最简单的精神现象，直接意识开始，进而从直接意识的矛盾进展逐步发展以达到哲学的观点，完全从意识矛盾进展的历程以指示哲学观点的必然性"①。在黑格尔看来，哲学是对真理的认识，而这个认识必须在整个的哲学体系中才能得以完成。概念的认识或者说绝对理念的知识并不是一蹴而就的，人从最低级的直接意识开始，要达到对绝对知识的认识，需要一个漫长的过程。而这个过程同时也就是个人成为现实生活中的个体的过程。科耶夫在《黑格尔导读》中认为黑格尔的《精神现象学》实际上"与黑格尔所认为的不同，精神现象学是一种哲学人类学。它的主题是作为人的人，在历史中的实在存在"②。他的观点为我们理解此书提供了新的视角。

---

①[德]黑格尔：《精神现象学》，贺麟、王玖兴译，商务印书馆1979年版，第15页译者导言。
②[法]科耶夫：《黑格尔导读》，姜志辉译，译林出版社2005年版，第38页。

　　黑格尔认为："人所有的一切都得归功于国家；只有在国家里他才能发现他的本质。一个人所拥有的所有价值，所有的精神现实，他只有通过国家才能拥有这一切。"①个人应该首先成为国家的公民，才能发现自己的本质。黑格尔说，当我们"在谈到自由时，不应从单一性以及单一的自我意识出发，而必须单从自我意识的本质出发"②。自我意识的本质，就是精神，而"精神是这样的绝对实体，它在它的对立面之充分的自由和独立中，亦即在互相差异、各个独立存在的自我意识中，作为它们的统一而存在：我就是我们，我们就是我"③。罗素认为，在黑格尔的国家观中个人有其独特的地位，他说："在国家内部，他的一般哲学也应当使他对个人感到更高的敬意，因为他的《逻辑学》所论述的全体并不像巴门尼德的'太一'，甚至不像斯宾诺莎的神，因为他的全体是这样的全体：其中的个人并不消失，而是通过他与更大的有机体的和谐关系获得更充分的实在性。个人被忽视的国家不是黑格尔的'绝对'的雏形。"④

　　个人与国家的统一还体现在个体对民族精神的实体性统一之中。黑格尔说，一个民族的精神是有着严格规定的特殊精神，"它把自己建筑在一个客观的世界里，它生存和持续在一种特殊方式的信仰、风俗、宪法和政治法律里——它的全部制度的范围里——和构成它的历史的许多事变和行动里"⑤。个人对于民族精神的关系就是"他把这种实体的生存分摊给了他自己；它变成了他的品性和能力，使他能够在世界上有着一个确定的地位——成为一个聊胜于无的东西。因为他发现他所归属的那个民族生存是一个已经成立的坚定的世界——客观地出现在他的眼前——他自己应该同

---

　　①转引自[加]查尔斯·泰勒：《黑格尔》，张国清、朱进东译，译林出版社2002年版，第580页。

　　②[德]黑格尔：《法哲学原理》，范扬、张企泰译，商务印书馆1961年版，第294页。

　　③[德]黑格尔：《精神现象学》，贺麟、王玖兴译，商务印书馆1979年版，第122页。

　　④[英]罗素：《西方哲学史》下卷，马元德译，商务印书馆1982年版，第290页。

　　⑤[德]黑格尔：《历史哲学》，王造时译，上海书店出版社2006年版，第68页。

它合并为一"①。

在黑格尔看来，国家是客观的精神，个人本身只有成为国家的成员才具有客观性、真理性和伦理性。也就是说，个人在国家中，不仅仅是法所保护的抽象人格，也不仅仅是作出道德判断的主体，而是现实的人，与作为伦理理念的国家有着实体性的联系。个人在国家颁布的法律中活动，并且认识到这种法律是对自己自在的自由的尊重，就通过自己的活动扬弃了法律的抽象性；而人作为道德主体，通过伦理实体的风俗和教化而成为国家的公民，他的主观性同时就是普遍性在个体身上所表现出的主观性，也就是个体性。"抽象地说，合理性一般是普遍性和单一性相互渗透的统一。具体地说，这里合理性按其内容是客观自由（即普遍的实体性意志）与主观自由（即个人知识和他追求特殊目的的意志）两者的统一；因此，合理性按其形式就是根据被思考的即普遍的规律和原则而规定自己的行动。"②这样，在国家中作为公民而存在的个体，其行动既是自己意志支配下的自由行为，同时这种主观的意志又是与实体性意志相统一的，也就使得个体的行为带有了客观性和普遍性。

在黑格尔所说的作为伦理实体的国家中，既有个性的张扬，也有普遍性的制约，但是它们都是在现实的人的生活中统一起来的。个人的自由在国家中得以存在，而国家也在个人的行动中彰显自己的实体价值。黑格尔的国家是一个理性的概念，概念在自身的发展中把自身分化为不同的环节，但是概念是作为一个整体和自由的生命发展自身的，这样，在概念的每一个环节中它们都展现自身为一个整体。国家作为概念或者说具有内在生命的精神，经过家庭和市民社会而发展自身，家庭和市民社会也就展现自身为一个整体或者说系统，但是国家作为精神显现为映现在这些环节中的客观普遍性，显现为必然性中的理性东西的力量。黑格尔说，如果要用

①[德]黑格尔：《历史哲学》，王造时译，上海书店出版社2006年版，第68页。
②[德]黑格尔：《法哲学原理》，范扬、张企泰译，商务印书馆1961年版，第289页。

神经系统来比喻国家对家庭和市民社会的关系，"那么家庭可比之于感受性，市民社会可比之于感受刺激性。至于第三者国家是自为的神经系统，它自身是有组织的，但它只有在两个环节，即家庭和市民社会，都在它内部获得发展时，才是有生气的"①。

个人在国家之中，是作为差别的存在，但是个人又通过自己的意志和作为普遍意志的国家达到了统一，就获得了自己的实体性价值，就在特殊性和普遍性的基础上建构了自己的个体性。众多的个人在国家中构成群众，他们本身是精神的存在物，绝对精神通过个人的理性而回复自身，因此，个人就获得了这两个方面的权利，无论是作为特殊的个别的人，还是作为实体性的人，都是现实的。

现实的和具体的人同时还是自由的人，黑格尔说，在国家中，因为普遍性与特殊性的结合，就同时扬弃了在抽象法领域的自在的自由和道德反思中自我规定的自由。不仅仅如此，在黑格尔看来，个体作为国家的公民，因为自身之中体现着实体性的力量，就可以在现实生活中认识真理，并作为一种政治情绪而体现在个体的生活之中。"政治情绪，即爱国心本身，作为从真理中获得的信念（纯粹主观信念不是从真理中产生出来的，它仅仅是意见）和已经成为习惯的意向，只是国家中各种现存制度的结果，因为在国家中实际上存在着合理性，它在根据这些制度所进行的活动中表现出来。"②这样，个体通过在国家制度中所进行的活动，就对国家中实际存在着的合理性产生了一种信任，这种信任一方面使得主体认识到自己是现实的自由的，另一方面也维护了国家的实体性。在这种信任中，个体能够发现"我的实体性的和特殊的利益包含和保存在把我当做单个的人来对待我的他物（这里就是国家）的利益和目的中，因此这个他物对

---

① [德]黑格尔：《法哲学原理》，范扬、张企泰译，商务印书馆1961年版，第301页。
② [德]黑格尔：《法哲学原理》，范扬、张企泰译，商务印书馆1961年版，第303页。

我来说就不是他物"①。当个体有这种意识之后，就实现了在生活中具体的自由。同时，对国家的情绪也是维护国家的重要因素，它习惯于信任国家的制度，需要国家的秩序，并在秩序中过着一种并不反思的生活，但是"需要秩序的基本情感是唯一维护国家的东西，而这种情感乃是每个人都有的"②。

二、伦理实体和政治制度

谈到国家，就不能不谈到国家的政体以及各种政治制度。亚里士多德在哲学史上首先描述了三种基本的政体及其蜕变轨迹："政体的三个正宗类型：君主政体、贵族政体和共和政体，以及相应的三个变态类型：僭主政体为君主政体的变态，寡头政体为贵族的变态，平民政体为共和的变态。"③2000多年来，西方各国政体的变迁与发展也都没有超出亚里士多德的归纳。黑格尔从伦理实体的角度，对个人在国家政治制度中的地位和作用进行了独特的阐述。

个人在国家中使自由的理念得到了现实的和具体的实现，但是这种实现并不是直接的，而是通过中介进行的。个人在特殊利益中希求和获得普遍物，是以国家的各种制度为中介的，而个人在普遍物中希求和获得特殊利益，也是通过这些制度在同业公会范围内使得个人成为某种人，并从事某种职业的结果。因此国家在其现实的形态上就是一个有机的整体，也就是政治国家和国家制度。作为伦理实体的国家按照自己的理念，区分自身为各种不同的权力及其职能和活动领域，也就是建构出政治制度，通过这些政治制度，作为普遍物的国家不断地、合乎必然性地创造着和保存着自己。政治制度作为国家合乎理性的建筑结构，"通过公共生活的各个领域

---

①[德]黑格尔：《法哲学原理》，范扬、张企泰译，商务印书馆1961年版，第303页。
②[德]黑格尔：《法哲学原理》，范扬、张企泰译，商务印书馆1961年版，第305页。
③[古希腊]亚里士多德：《政治学》，吴寿彭译，商务印书馆1965年版，第181—182页。

和它们的全能的明确划分，并依赖全部支柱、拱顶和扶壁所借以保持的严密尺寸，才从各部分的和谐中产生出整体的力量"①。

在黑格尔看来，现实的政治国家可能很早就出现了，也许经历了长时间的历史发展，但是在国家中作为理念而存在的精神却并不一定都是现代的和伦理实体性的，国家在历史上的发展也经历了理念展现自身的各个环节。国家中的政治制度也是如此，也要经历很长时间的历史的发展才能认识到在自身之中包含的精神。

对于现代国家的政治制度，我们可以有很多的划分方法。黑格尔认为，那种把国家制度分为君主制、贵族制和民主制的区分方法，是以尚未分割的实体性的统一为其基础的。这主要是古希腊对政治制度的划分方法，在古希腊，个人和城邦处于一种实体性的合一关系之中，而那种实体性的统一尚未深入到自己的内部划分，也就是没有得到深度和具体的合理性，因此就从外在的数量的关系上划分政治制度。他们认为君主制是一个人的统治，贵族制是一些人的统治，而民主制是一切人的统治。

在黑格尔看来，作为伦理实体的国家，按照概念的必然性建构政治制度，政治制度的各个部分作为概念发展的环节，各自都是一个整体，有着不同的权力和不同的职能，但是它们同时又趋向于在整体中得到自身的规定。他认为在政治国家中，伦理实体把自己按照概念区分为三种权力：作为规定和确立普遍物的立法权；作为使得各个特殊领域的个别事件从属于普遍物的行政权；作为意志最后决断的主观性的王权。

（一）王权

很多人批判黑格尔的国家学说是为普鲁士的封建王权辩护，是"普鲁士王国的国家哲学"，并把黑格尔称为"普鲁士王国政府的官方哲学

①[德]黑格尔：《法哲学原理》，范扬、张企泰译，商务印书馆1961年版，序言第7页。

家"。他们的根据也许是恩格斯在《路德维希·费尔巴哈和德国古典哲学的终结》一书中的论述，黑格尔的体系，"在某种程度上已经被推崇为普鲁士王国的国家哲学"①。但是这是对恩格斯的误读。恩格斯在这部著作的一开始就指出，从康德到黑格尔的德国哲学革命，像18世纪法国启蒙主义者和唯物主义者进行的革命一样，也成为政治变革的先导。但是恩格斯认为这两个哲学革命之间存在着很大的差异，在德国古典哲学的哲学家中，康德、黑格尔等人都是教授，是一些由国家任命的青年的导师，他们的著作都是公认的教科书，而黑格尔的体系也在一定程度上成为普鲁士的国家哲学。恩格斯在这里并不是给黑格尔的哲学下判断，而只是陈述历史现象。他进而指出，把黑格尔哲学推崇为普鲁士官方哲学的人有两种：其一是当时的"官方"，即普鲁士政府；其二是当时被认为是革命代表者的人物，也就是资产阶级自由派。他们或者感激、支持黑格尔，或者愤怒、反对黑格尔。恩格斯明白地表示他不同意甚至反对这两种人对黑格尔哲学的观点，认为在黑格尔的哲学中，在那些保守的陈述中隐含着革命的实质。

争论的焦点集中于黑格尔对王权的表述之中。黑格尔推崇王权在现代君主立宪制国家中的地位，认为它代表了最高的主观性环节，是国家作为整体的简单的自我。王权作为自我规定的最后决断的环节，是国家之中一切现实性的开端。君主是王权的代表，是国家人格，是国家的自我确信。

在黑格尔看来，"一切国家制度的形式，如其不能在自身中容忍自由主观性的原则，也不知道去适应成长着的理性，都是片面的"②。它本身包含着整体的所有三个环节，即国家制度和法律的普遍性；作为特殊对普遍关系的咨议；以及作为自我规定的最后决断。

王权在政治生活中首先表现自己为国家的主权。在黑格尔看来，政治

①《马克思恩格斯选集》第四卷，人民出版社1972年版，第210页。
②[德]黑格尔：《法哲学原理》，范扬、张企泰译，商务印书馆1961年版，第330页。

国家中的各个环节都是伦理实体按照概念中的必然性原则区分自身而获得的，各个环节之间有一种实体性的统一关系，在这种关系之中，各个环节的权利和职能才能被确定。这样，环节的权力和力量就来自作为统一体的国家，国家在政治生活的各个环节看来，就是一个简单的自我，拥有一个主观性的原则。国家的特殊职能和活动是国家的主要环节，这些职能和活动首先同负责运用和实现它们的个人发生关系，但是和它们发生关系的并不是这些个人的人格，而是这些现实的人的普遍的和客观的特质。国家的政治活动需要个人的参与，但是个人是作为普遍的和客观的东西而参与国家活动的，国家不是个人的特殊意志指向或欲求的他物，而是在普遍性和客观性的层面上活动的实体性精神。无论是从政治制度的环节来看，还是从参与国家政治生活的个人而言，国家都首先展现自身为简单的普遍的自我。黑格尔说国家的主权最初"只是作为自我确信的主观性，作为意志所具有的一种抽象的、也就是没有根据的、能左右最后决断的自我规定而存在"[1]。

如果黑格尔的论证到此结束，在现代人来看是没有任何问题的，然而黑格尔以下的论证不仅让很多人感到无法接受，而且也是他的理论受到各种各样的批判的主要原因。黑格尔说，在已经发展到概念环节的伦理实体中，也就是在已经发展到实在合理性这个阶段的国家制度中，"概念的三个环节中的每一个都具有其自为的现实的独特形式。因此，整体的这一绝对决定性环节就不是一般的个体性，而是一个个人，即君主"[2]。

黑格尔的这种论证是和他的哲学方法联系在一起的。在黑格尔看来，任何一门科学的内在发展，也就是从它的简单概念到全部内容的逻辑推演，都有这样一个共同的特点，那就是同一个概念，在开端处总是潜在的和抽象的，它发展自身，否定自身而且走出自身，通过自身使自己的规定

---

①[德]黑格尔：《法哲学原理》，范扬、张企泰译，商务印书馆1961年版，第336页。
②[德]黑格尔：《法哲学原理》，范扬、张企泰译，商务印书馆1961年版，第336页。

丰富起来，以便获得确定的内容。而人格作为概念，也必须经历这样的发展过程。在抽象法阶段，人格是抽象的和潜在的，在道德的领域，人格的基本环节通过自己的主观性的各种形式发展了自身，成为道德的主体，最后，在作为伦理实体的国家中，在意志的最具体的客观性中，人格就发展成为国家人格，就是国家的自我确信。"它作为至上者扬弃了简单自我的一切特殊性，制止了各执己见相持不下的争论，而以'我要这样'来做结束，是一切行动和现实都从此开始。"①这种作为至上者的人格，作为无限的自我相关者的人格和主观性，只有作为人，作为自为地存在的主体，才能够更加无条件地切近自己概念中的真理，也就是说，国家人格只有作为一个人、作为君主，才是现实的。

黑格尔认为，只有当国家作为一个整体与另一个作为整体的国家发生关系时，才能够谈得上"人民的主权"，因为国家作为实体性的伦理实体，只有展现自身在每一个环节之上，才是现实的。但是当我们说国家的对内的主权属于人民时，就带来了概念上的混乱，因为这种表达潜在的含义就是人民和国家之间处于一种对立之中，而这在伦理实体中是已经被扬弃了的环节。

黑格尔还详细探讨了君主作为个人的含义。君主是国家人格的现实存在，但是国家人格和君主本人具有什么样的特殊品格完全没有关系。国家人格只是一个普遍物，它作为简单的自我，并不和个人的特殊性发生关系，而仅仅关注个人所代表的普遍物。这样一来，哪个具体的人成为君主就是无关紧要的了，君主个人品质的特殊性格在国家人格的意义上并不是有意义的东西。"在一个有良好组织的君主制国家中，惟有法律才是客观的方面，而君主只是把主观的东西'我要这样'加到法律上去。"②

王权不仅仅指君主，还包括为君主的决定负责任的咨议机构，以及从

①[德]黑格尔：《法哲学原理》，范扬、张企泰译，商务印书馆1961年版，第336页。
②[德]黑格尔：《法哲学原理》，范扬、张企泰译，商务印书馆1961年版，第343页。

92

客观方面说的整个国家的制度和法律。此处的王权可以通过国家作为伦理实体来理解。国家作为伦理实体，具有单一的人格，就是君主；而伦理实体的特殊性的环节，或者是使特殊性从属于普遍物的环节，就是人格面对具体事物时做的决定，这种决定也是伦理实体的决定，包括国家的政策、走向、宣战或议和等。这些决定注定要走入客观方面，并对现实施加影响，这样就需要有人对这些决定的客观方面负责，而这正是咨议机构存在的原因。国家的制度和法律，作为伦理实体区分自身的产物，在具有了客观性以及认识到了自身与作为伦理理念的统一之后，就作为整个国家的自在自为的普遍物而存在，这也就是从主观方面说的君主的良心。

（二）行政权

虽然马克思在批判黑格尔的《法哲学原理》时认为，"黑格尔关于'行政权'所讲的一切，不配称为哲学的阐述。这几节大部分都可以原封不动地载入普鲁士邦法"①，但是他也承认真正的行政管理是最难阐明的。黑格尔从思辨逻辑的角度给出了一个解释的体系。

黑格尔说，行政权不同于王权中的第二个环节也就是咨议机构对国家作出决策的环节。咨议机构作出决策，是在普遍物的层次上对国家作为单一人格而进行的判断、审查和决定，而行政权是执行和实施君主的决定，是使特殊从属于普遍物的权力。黑格尔认为，一般说来，行政权就是"贯彻和维护已经决定了的东西，即现行的法律、制度和公益设施，等等。……行政权包括审判权和警察权，他们和市民社会中的特殊物有更直接的关系，并通过这些特殊目的来实现普遍利益"②。行政权适用的范围是市民社会。

黑格尔说市民社会是个人私利的战场，其中每个人都为自己的特殊

①《马克思恩格斯全集》第三卷，人民出版社2002年版，第57页。
②[德]黑格尔：《法哲学原理》，范扬、张企泰译，商务印书馆1961年版，第350页。

目的、特殊利益而奋战。同时市民社会也是国家建构伦理实体的平台，国家作为伦理实体并不是凭空出现的，而是作为家庭和市民社会真理而出现的，在家庭、市民社会以及国家的发展中，家庭是正题，市民社会是反题，而国家是合题。但是合题是以反题为平台，扬弃了反题中的矛盾和对立，重新回复了正题中的真理的结果。国家作为伦理实体的建构并不能脱离市民社会而独自存在，因此国家的主要任务之一也就是扬弃市民社会中的矛盾和对立，给予市民社会中的特殊利益以理性的关照，使得它们认识到与普遍物的统一关系。而这一任务是通过行政权的活动而实现的。

黑格尔认为，在行政事务中也有分工，但是这种分工的目的是人们的简省、速度和效率，并不带有伦理实体意义上的理性必然性。行政事务因为指向特殊物，而且希望特殊物从属于普遍物，因此也把走入客观性作为自身的环节，这样，行政事务的客观方面也必须有人负责。负责行政事务的是公职人员以及以委员会的形式来照料行政事务的咨议机构的成员，他们作为君主和民众之间的桥梁，对国家的决定以及行政事务负责。因为国家的权力是在普遍物的层次上的运作，公职人员之所以担任职务也并不是由于这个人的特殊人格或者出身等因素，而是由于他们自身中的客观的和普遍的因素，那就是知识和本身的才能。

政府成员以及国家官吏作为中间等级的组成部分，在国家的实际生活中占有重要的作用。"全体民众的高度智慧和法律意识就集中在这一等级中"，因此黑格尔十分重视官吏的选拔和教养。黑格尔说："国家职务要求个人不要独立地和任性地追求主观目的，并且正因为个人做了这种牺牲，它才给予个人一种权利，让他在尽职履行公务的时候，而且仅仅在这种时候追求主观目的。"[①]对于个人而言，国家是自在自为的普遍物，国家的事务是在普遍物层次上的事务，担任公职的人放弃了自己在特殊意志

---

①[德]黑格尔：《法哲学原理》，范扬、张企泰译，商务印书馆1961年版，第355页。

层次对主观目的、特殊事物的追求，却同时获得了在普遍物的层次上处理特殊事物的权利。黑格尔秉着一种理想主义的乐观精神，给我们描绘了理想的社会生活图景，这种生活图景只有在法律制度非常完备的条件下才有可能实现。

（三）立法权

黑格尔说，立法权涉及的是法律本身以及那些按照其内容来说完全具有普遍性的国内事务。立法权本身是国家制度的一部分，国家制度是立法权的前提，因此，并不是立法权直接规定了国家制度，但是国家制度通过法律的不断完善而得到进一步的发展。

立法权处理的是国家作为伦理实体中的自在自为的普遍物，也就是个人的权利和义务问题。对个人而言，"个人从国家那里可以得到什么，可以享受什么"以及"个人应该给国家些什么"①就是立法权所要解决的问题。在立法权中起作用的首先是作为最高决断权的王权以及咨议环节的行政权。行政权具体地知道和概括地了解国家作为伦理实体的各个方面，并稳定地存在于整体中的现实的基本原则，而且熟悉国家权力的需要。但是如果没有等级要素的作用，王权和行政权也无法对普遍物作出规定。黑格尔说："等级要素的作用就是要使普遍事务不仅自在地而且自为地通过它来获得存在，也就是要使主观的形式的自由这一环节，即作为多数人的观点和思想的经验普遍性的公众意识通过它来获得存在。"②

在黑格尔看来，"政府对各等级的关系，在本质上不应当是敌对的，相信这种敌对关系不可避免，是一种令人丧气的错误。政府并不是与其他党派对立的党派，似乎双方都想为自己力占上风，多夺东西。如果一个国

---

①[德]黑格尔：《法哲学原理》，范扬、张企泰译，商务印书馆1961年版，第359页。
②[德]黑格尔：《法哲学原理》，范扬、张企泰译，商务印书馆1961年版，第362页。

家发生这样的情况，那是一种不幸，而且决不能说是健康的"①。政府是国家事务的处理者和承担者，而国家是作为普遍物而在社会生活中起到伦理实体的作用的。党派或者说等级，是公共意志的产物，公共意志作为任性的结合，并不具有普遍性。它们作为一种中介，处于政府与分为特殊领域和特殊个人的人民这两个方面之间，其真正意义就是使得国家通过它而进入人民的主观意识，而人民也开始参与国事。"各等级的使命要求它们既忠实于国家和政府的意愿和主张，又忠实于特殊集团和单个人的利益。"②也就是说，国家作为伦理实体，必须达到普遍性和主观性的统一，即国家作为普遍和个人作为特殊的统一，通过等级的中介作用，国家作为伦理实体就在普遍性的意义上同时扬弃了特殊性和主观性，达到了现实性。

黑格尔说："具体的国家是分为各种特殊集团的整体；国家的成员是这种等级的成员；他只有具备这种客观规定才能在国家中受到重视。他的普遍规定都包含着双重的因素。国家的成员是私人，而作为能思想的人，他又是普遍物的意识和意志。但是这种意识和意志只有在充满了特殊性（而这种特殊性就是特殊的等级及其规定）的时候，才不是空虚的，而是充实的和真正有生气的。换句话说，个人是类，但是他只有作为最近的类才具有自己内在的普遍的现实性。"③因此，个人参与国家事务，必须首先在他的同业公会、自治团体等领域中达到他对普遍物来说是现实的和有生气的使命，他才有可能按照自己的才干进入他有资格加入的任何一个领域，等级对于特殊的主观性而言，是一个与普遍物相遇并认识到自己和普遍物一致的中介。

特殊个体通过等级参与国家事务，就使得那些没有具体参与国家事务的

---

① [德]黑格尔：《法哲学原理》，范扬、张企泰译，商务印书馆1961年版，第364页。
② [德]黑格尔：《法哲学原理》，范扬、张企泰译，商务印书馆1961年版，第364页。
③ [德]黑格尔：《法哲学原理》，范扬、张企泰译，商务印书馆1961年版，第370页。

其他社会成员的形式的自由这一环节达到了它的定在，成为现实的自由。而个人所享有的形式的主观自由在于，对于普遍事务他可以形成和具有独特的判断、意见和建议，并可予以表达，这也就是舆论自由的内容。黑格尔说，公共舆论就是这些特殊意志的形式的自由的表达，因此公共舆论既值得重视，又不值得一顾。值得重视的是在那具体的表达中只是隐隐约约地映现着的本质基础，黑格尔说，一旦有谁道出了他那个时代的意志，把它告诉他那个时代，并使之实现，他就是那个时代的伟大人物，而那些听到了公共舆论而不懂得其中体现的只是特殊的意志，无法认识到特殊意志和普遍意志之间差别的人，在黑格尔看来是决做不出伟大的事业来。

三、现代国家间的关系

在黑格尔看来，国家作为伦理理念的现实，作为显示出来的、自知的实体性意志的伦理精神，具有三个环节：在最初的阶段上具有直接的现实性，也就是个别的国家，以及国家制度和国家法；国家的理念推移到个别国家对其他国家的关系，就是国际法；最后，国家作为理念，是"作为类和作为对抗个别国家的绝对权利"①，也就是精神，它在世界历史的进程中给自己以现实性。也就是说，当我们讨论国家的理念，不仅仅要讨论国家的内部制度、国家的权力划分，而且还要讨论在独立状态的个别国家与其他个别国家之间的关系，更要在世界历史的进程中把国家作为客观精神的最高环节把握在绝对精神的发展过程之中。

在上一节我们讨论了黑格尔对国家制度的分析，国家作为主权，对内表现为国家制度，对外就表示自身是一个独立的单一体。在国家与国家之间的关系问题上，历史上曾经有多种看法。马基雅维利以前的哲学家们往往都认为世界的发展有一个共同的追求，也就是最终的善，虽然各个国家

①[德]黑格尔：《法哲学原理》，范扬、张企泰译，商务印书馆1961年版，第295页。

是独立的，但是世界的发展却是朝向一个共同的目标的，所以他们往往主张世界可以是一个更为宏大的统一的体系，在其中各个国家都可以获得自己的地位以及实现自己的价值，最终实现世界的永久和平。近代君主国的兴起以及在这种争取民族独立的过程中赤裸裸的恶，使得任何对世界作为整体的架构都变得不可能了，政治哲学家们纷纷放弃了永久和平的理想，而接受了普遍的战争状态作为世界政治架构的现实主义前提。但是永久和平的理想一直作为世界整体的终极追求而潜在地包含于每一个政治哲学家的心中，近代以来，对这种永久和平理念作出了最著名的尝试的哲学家就是康德。

（一）康德的永久和平观点

康德把契约的观点应用于人类历史与国家关系，认为我们在契约的基础上可以建构一个由地球上的各个国家共同组成的联合体，在这个联合体中，我们可以根据道德的律令而实现永久的和平。

在《永久和平论》中，康德首先给出了国与国之间达到永久和平的六项预备条款，它们是每一个缔结和平的条约，从而进入了以世界和平为目的的联合体的国家所应当禁止的行为。这六项条款分别是：一、"凡缔结和平条约而其中秘密保留有导致未来战争的材料的，均不得视为真正有效"[①]；二、"没有一个自身独立的国家（无论大小，在这里都一样）可以由于继承、交换、购买或赠送而被另一个国家所取得"[②]；三、"常备军应该及时地全部加以废除"[③]；四、"任何国债均不得着眼于国家的对外争端加以制定"[④]；五、"任何国家均不得以武力干涉其他

①[德]康德：《永久和平论》，何兆武译，上海人民出版社2005年版，第5页。
②[德]康德：《永久和平论》，何兆武译，上海人民出版社2005年版，第6页。
③[德]康德：《永久和平论》，何兆武译，上海人民出版社2005年版，第7页。
④[德]康德：《永久和平论》，何兆武译，上海人民出版社2005年版，第8页。

国家的体制和政权"①；六、"任何国家在与其他国家作战时，均不得容许在未来和平中将使双方的互相信任成为不可能的那类敌对行动：例如派遣暗杀者、放毒者、破坏降约以及在交战国中教唆叛国投敌等等"②。康德从道德律令的角度解释了这些条款在达到永久和平中的作用，他认为这些条款，在客观上，也就是在当权者的意图中，是一种禁令性的法律，其中第一、五、六条是不问任何情况都必须立即实施的，而其他的条款也不能因为它们在主观上权限的宽松而被推迟到遥遥无期。康德说，一旦我们违背了这些预备的条款，任何和平的条约都不可能缔结，国家与国家之间的敌对行动就会以一种灭绝性的战争而告终。正是康德预见了灭绝性战争出现的可能性，以及人类天性上对它的恐惧，国家与国家之间才有可能诉诸永久和平。

国家与国家之间永久和平的状态是被建立起来的，而建立这样的永久和平状态，在康德看来，需要以下正式条款。首先，每个国家的公民体制都应该是共和制。在康德看来，"由一个民族全部合法的立法所必须依据的原始契约的观念而得出的惟一体制就是共和制。这首先是根据一个社会的成员（作为人）的自由原则，其次是根据所有的人（作为臣民）对于惟一共同的立法的依赖原理，第三是根据他们（作为国家公民）的平等法则而奠定的"③。在康德看来，共和制作为构成各种公民宪法的原始基础的体制，也同样可以给人们一种永久和平的前景。这是因为在共和制的体制下，为了决定是否要进行战争需要整个国家的公民表示同意，战争就不再是随便的游戏，而是最坏的选择了。

其次，国际权利应该以自由国家的联盟制度为基础。康德说："各个民族作为国家也正如个人一样，可以断定它们在自然状态之中（即不靠外

①[德]康德：《永久和平论》，何兆武译，上海人民出版社2005年版，第9页。
②[德]康德：《永久和平论》，何兆武译，上海人民出版社2005年版，第9—10页。
③[德]康德：《永久和平论》，何兆武译，上海人民出版社2005年版，第14—15页。

部的法律）也是由于彼此共处而相互侵犯的。他们每一个都可以、而且应该为了自身安全的缘故，要求别的民族和自己一道进入一种类似公民体制的体制，在其中可以确保每一个民族自己的权利。"①这是一个各民族的联盟，这种联盟可以不必成为一个多民族的国家，但是需要在联盟中考虑各个民族国家的权利。康德说，国家在与别的国家的关系中追求自身的权利，唯一的方式就是战争，但是战争的结局，或者是胜利，或者是失败，无论是哪种，每一个国家作为自己行为的裁判者，都不能解决国家之间的权利问题。这样就需要"理性从其最高的道德立法权威的宝座上，又要断然谴责战争之作为一种权利的过程，相反地还要使和平状态成为一种直接的义务"②。

最后，世界公民权利应该以普遍的友好为其基本条件。康德说："既然大地上各个民族之间（或广或狭）的紧密性现在已经到了这样的地步，以致在地球上的一个地方侵犯权利就会在所有的地方都被感受到；所以世界公民权利的观念就不是什么幻想的或夸诞的权利表现方式，而是为公开的一般人类权利、并且也是为永久和平而对国家权利与国际权利的不成文法典所作的一项必要的补充。"③但康德还认为虽然因为世界地域资源的限制，我们可以拥有作为世界公民的权利，但是这种权利的适用却必须以友好为前提条件，否则就是对其他国家的征服和侵犯，反而损害了世界的和平。

康德进而在系论和附录中讨论了达到永久和平的保证问题，以及在永久和平的进程中遇到的经验的政治与理性的道德原则之间的冲突。康德在对公共权利的先验概念进行论证的基础上论述了政治与道德的一致性，从而把实践理性中道德律令的适用范围从有理性的个人扩展到共和制的国

---

①[德]康德：《永久和平论》，何兆武译，上海人民出版社2005年版，第19页。
②[德]康德：《永久和平论》，何兆武译，上海人民出版社2005年版，第22页。
③[德]康德：《永久和平论》，何兆武译，上海人民出版社2005年版，第27页。

家，论证了永久和平的现实性。但是康德在公共权利的先验原则的基础上解决政治与道德的冲突，就在方法论上把政治学视为道德哲学的分支了，政治因而就是权利学说的应用，在其中起作用的是作为纯粹形式的道德律令。康德以理性的原则呼唤"道德的政治家"，更多的是以一种激情而不是理智来看待具体的政治生活了。

（二）黑格尔的国际法

与康德不同，在黑格尔看来，国家是一个具体的环节，不仅仅需要作为普遍性的形式，更需要作为主观特殊性的内容，而在有关国家之间的关系中，作为内容的特殊性就更加显现出了重要的作用。黑格尔说，现实中的国家本质上是个别的国家，更是一个特殊的国家。说它是个别的，是说它是国家理念发展的一个环节；说它是特殊的，是因为每一个国家都是属于历史的，都有其历史的特殊性，是历史发展的结果。作为特殊的个体性的国家是一种排外的单一体，在和其他的单一体发生关系时，就产生了作为国家的对外主权。在黑格尔看来，国家作为单一的自我，作为排他性的存在，表现为它对别国的关系，在这种关系中，每个国家对别的国家来说都是独立自主的。"现实精神的自为的存在在这种独立性中达到了它的定在，所以独立自主是一个民族最基本的自由和最高的荣誉。"①

根据黑格尔的逻辑，国家作为理念，在自身之中就表现自己为一种否定性的相关，也就是说，国家作为一个个体，把异于自己的东西看作是对自己的否定，并总是试图用精神的包容性把异于自己的东西包容在自身之内，从而扬弃差别，达到同一。这样一来，其他国家对于这个国家而言，也是一个外在的异己之物，但是这个异己之物并不是国家作为理念可以包容的，因为国家与国家之间，并不是国家理念的发展环节，而是历史地形

①[德]黑格尔：《法哲学原理》，范扬、张企泰译，商务印书馆1961年版，第384页。

成的特殊的现实。这样，国家之间的关系就只能是一种排他的关系，战争正是在这种排他的关系中把一切有限东西的虚无性表现为定在的必然环节。

黑格尔说，战争是一个伦理性的环节，"是严肃对待尘世财产和事物的虚无性的一种状态……在战争这一环节中，特殊物的理性获得了它的权利而变成了现实。……通过战争，……各国民族的伦理健康就由于它们对各种有限规定的凝固表示冷淡而得到保存，这好比风的吹动防止湖水腐臭一样；持续的平静会使湖水发生相反的结果，正如持续的甚或永久的和平会使民族堕落"①。在黑格尔看来，由于国家是一种实体性的力量，"为国家的个体性而牺牲是一切人的实体性关系，从而也是一切人的普遍义务"②，献身于这种特殊关系的人自成一个等级，以英勇而著称，也就是国家的常备军。军人是负责保卫国家的普遍性的等级，"它有义务使在它本身中自在的理想性达到实存，即有义务牺牲自己"③。

国际法是从独立国家间的关系中产生出来的，因此国际法中"自在自为的东西保存着应然的形式，因为它的现实性是以享有主权的各个不同意志为依据的"④。也就是说，在国家与国家的关系之间，起基础性作用的是国家作为单一性的个体所拥有的特殊意志。虽然国家的意志在自身内部是带有伦理实体性的普遍物，但是在国家关系中每一个国家都是一个单一的排他的伦理实体。国家与国家之间并不是概念发展的环节之间的关系，而是相互独立的单一体，没有任何高于国家的权力来对国家作出裁决，那么国家的决定就只能是出于国家本身的特殊意志。国家与国家之间的关系作为独立主体之间的关系，始终停留在应然的层次上，国家之间也可能订

①[德]黑格尔：《法哲学原理》，范扬、张企泰译，商务印书馆1961年版，第386—387页。
②[德]黑格尔：《法哲学原理》，范扬、张企泰译，商务印书馆1961年版，第388页。
③[德]黑格尔：《法哲学原理》，范扬、张企泰译，商务印书馆1961年版，第390页。
④[德]黑格尔：《法哲学原理》，范扬、张企泰译，商务印书馆1961年版，第392页。

立条约，但是同时它们又凌驾于这些约定之上。黑格尔说，没有同他人发生关系的人不能够是一个现实的人，同样，不同其他国家发生关系的国家也不是一个现实的个体。而一个国家的实存，一方面是一种完全内部的关系，也就是说建立了内部的符合伦理实体概念的国家制度，另一方面也需要别的国家的承认。"一个国家对其他国家来说是拥有主权和独立的。它有权首先和绝对地对其他国家成为一种主权国家，即获得其他国家的承认。"①但是这种承认也只是形式上的，一个国家能否成为一个真正的国家，在于它的内容，而不在于别的国家的承认。

黑格尔是从把国家看作一个人格和主体的观点出发建构国家之间的关系的，因此国家之间的关系也类似于个人在抽象法的领域之间的关系。在抽象法的领域，每个人都是作为抽象的人格而存在，都需要通过意志追求的特殊物而使意志取得定在。国家也是如此，在对外的关系上首先表现自己是一个独立的主权，通过自己的内部制度而获得自身之内的实体性力量。"国家在它们的相互关系中都是特殊物，因此，在这种关系中激情、利益、目的、才德、暴力、不法和罪恶等内在特殊性和外在偶然性就以最大规模和极度动荡的嬉戏而出现。在这种表演中，伦理性的整体本身和国家的独立都被委之于偶然性。"②

黑格尔并不认同康德的观点，以为我们通过某些应然的条款就可以达到永久和平。在康德看来，那些条款具有一种理性的先验的原则和道德律令的作用，以它们为各个国家行动的依据，就可以在世界范围内达到和平。但是这在黑格尔看来是忽视了特殊性内容在国家作为单个主体对行为的决定性作用。无论是康德的永久和平，还是黑格尔的国家与国家之间弱肉强食的"丛林法则"，都同时受到了现代人类政治实践的验证和挑战。联合国的出现及其在世界政治中占有的作用，使得康德的理想似乎马上就

---

① [德]黑格尔：《法哲学原理》，范扬、张企泰译，商务印书馆1961年版，第393页。
② [德]黑格尔：《法哲学原理》，范扬、张企泰译，商务印书馆1961年版，第398页。

可以实现，但是联合国内的各个国家，都是以自己国家的特殊利益为行动的根本依据，似乎又验证了黑格尔关于国际法是契约的产物，随时都可以被国家凌越的预言。

黑格尔哲学的基本逻辑就是概念的三段论式发展，正题走出自身就进入了反题的矛盾之中，但是黑格尔从来不停留于矛盾，而是要用精神的力量扬弃矛盾。对于国家之间关系的发展也是如此，此时黑格尔扬弃国家之间矛盾和对立状态的精神力量是世界历史。在黑格尔看来，世界上的每一个民族国家，都是世界历史的产物。国家作为伦理理念，潜在地包含在国家在历史上各个时期的发展形态之中，最后展现自己作为伦理实体的理念。但是历史中不同国家也是作为历史现实而存在的，国家与国家之间的关系就进入了矛盾之中。这种矛盾可以通过民族精神向世界精神的逐步靠近而得到扬弃。黑格尔有一段话是描述由民族精神到世界精神的辩证发展的："由于各民族作为实存着的个体只有在它们的特殊性中才具有其客观现实性和自我意识，所以民族精神的原则因为这种特殊性就完全受到了限制。各民族在其相互关系中的命运和事迹是这些民族的精神有限性的辩证发展现象。从这种辩证法产生出普遍精神，即世界精神，它既不受限制，同时又创造着自己；正是这种精神，在作为世界法庭的世界历史中，对这些有限精神行使着它的权利，它的高于一切的权利。"[①]

在黑格尔看来，世界历史中的世界精神，就是可以扬弃历史上具体的民族国家的特殊性的力量。精神是自在自为的理性，同时理性又表达为可以认识精神的能力，因此，世界历史的发展进程，也就可以从精神的自由概念的必然进展中得到认识。也就是说，历史发展的带有必然性的环节，同时也应该被理解为不断趋向精神的带有必然性的环节。正因如此，在历史发展的每一个阶段，理性都可以对历史进行把握，不断认识潜在于历史

---

①[德]黑格尔：《法哲学原理》，范扬、张企泰译，商务印书馆1961年版，第398页。

之中的必然性。黑格尔因此也说人类是可以通过教育而逐渐趋向于完善的，这也就是世界精神的事业。在其中，"国家、民族和个人都各按其特殊的和特定的原则而兴起，这种原则在它们的国家制度和生活状况的全部广大范围中获得它的解释和现实性。在它们意识到这些东西并潜心致力于自己的利益的同时，它们不知不觉地成为在它们内部进行的那种世界精神的事业的工具和机关。在这种事业的进行中，它们的特殊形态都将消逝，而绝对精神也就准备和开始转入它下一个更高阶段"①。

各种具体理念，也就是各种民族精神，在世界精神中具有它们的真理和规定，作为精神，历史的发展也就是它的积极运动，以求绝对知道自己，从而使它的自我意识从自然直接性的形式中解放出来，达到它自己本身的发展过程。这也是我们下一节要论述的主题。

四、现代国家的历史发展

在历史的发展进程中，国家可能是很早就出现的东西，但是国家的精神必须经历历史的发展才能被认识。在黑格尔看来，主观的意志，也就是偶然性的热情，在历史的发展中是推动人们行动并促成现实的东西，但是在这个行动中内在的东西是一个观念，是一个思辨意义上的必然性概念，也就是作为世界精神的世界历史。在黑格尔看来，每个国家的民族精神之所以在世界历史中具有自己的地位和尊严，是因为它们表现了世界精神在世界历史发展中的不同阶段，而整个历史的发展，就是不同的民族精神向着世界精神的合理性逐步迈进的过程。

黑格尔是一位具有强烈的历史感的哲学家，历史在国家作为理念展现自身以及自由的实现历程中具有重要的地位和作用。

在黑格尔的体系中，对逻辑的东西的描述是黑格尔达到理性与现实

---

①[德]黑格尔：《法哲学原理》，范扬、张企泰译，商务印书馆1961年版，第400页。

的和解的主要手段。要理解现实的东西，就必须先要理解现实的东西的逻辑，也就是研究现实事物的概念，并把这种概念中的逻辑必然性作为认识现实事物的出发点，才能得到对现实事物的真理性的认识。对国家和自由而言也是如此。对自由而言，重要的是认识自由从抽象的自由转化为具体的现实的自由的逻辑，这也是前面几个章节的主要内容。但是这只是认识自由的逻辑起点，对黑格尔而言，只有从这种逻辑结构出发，结合历史中的具体事实，才能更好地理解自由的真理，认识到自由和必然在国家与历史中的和谐关系。这就需要对自由在历史中的进展作一个详细的研究。

（一）自由在历史中的进展

用独特的思辨思维的逻辑，把自己的体系建构为不同层次的圆圈之间的环环相扣。在自由客观化自身的过程中，抽象法、道德以及伦理之间是一个圆圈，在这个圆圈中具有普遍性力量的是精神的自由本性。在更高的层次上，自由在历史中的发展也是一个圆圈，经历了知道一个人是自由的、一些人是自由的以及所有人都是自由的三个环节，在这个圆圈中，具有实体性力量的是作为世界历史的世界精神。

黑格尔并不是第一个将个人的自由与历史的进展相联系的哲学家，在《历史理性批判文集》中康德就曾经提出了历史的主体是大写的人的观点。康德认为，人，即"全部自然禀赋都注定了终究要充分地并且合目的地发展出来的"创造物，"只能是在全物种身上而不是在各个人的身上"①，实现其充分而合目的的发展。而作为全物种的人类的发展就是历史。历史是人的存在与本质的获得、发展与显现的时间性展开，是人的全部活动的总和。时间作为历史的唯一维度，使得历史的进程中具有类似于自然世界中必然性的属性。

---

①[德]康德：《历史理性批判文集》，何兆武译，商务印书馆1990年版，第3页。

康德在他的批判哲学中把人称为"理性的存在者"，虽然他没有论及这种理性的历史获得过程，但是人作为有理性的存在，一直是康德哲学的前提。在康德的历史观中，理性首先把人规定为自由的存在，康德确信，人是自由的载体。在对理论理性的审查中，康德认为人是唯一具有主体性的存在，在必然性的世界中人可以通过先天直观形式以及知性范畴为自然立法，赋予一切存在以意义；而在对实践理性的审查中，康德把有理性的人拥有自由作为实践理性的公设，作为人可以进行一种有道德的生活的前提，是道德法则存在的条件。"一旦我们为自己拟定了意志的准则，立刻就直接意识到的道德法则首先展现在我们面前，而且由于理性把它呈现为不让任何感性条件占上风的、确实完全独立于它们的决定根据，所以道德法则就径直导致自由概念。"①在康德的理解中，自由和无条件的实践法则乃是一种互相呼应的关系，因而自由的实现过程也就是道德的实现过程。

康德用一种纯粹形式的研究方式讨论自由的实现，在黑格尔看来，康德的研究导致了在对自由的实现过程的认识中的形式与质料的分离，自由的进展遵从的是一种必然的逻辑，而人对自由的认识则构成了人们认识中的自由概念。康德的哲学对自由和实践理性的研究就使人们对自由的认识陷入了形式和质料相分离的误区，导致了实现道德原则的善和个体追求的幸福之间的无法匹配。在康德的哲学中，个体坚持道德原则并不一定带来个体的享受和幸福，个人的幸福并不是意志的决定根据。在黑格尔看来，康德的哲学用一种形式的道德原则抹杀了个体追求幸福的权利，自由的实现只是一种形式上的实现而不是具体的实现。自由的具体的实现，首先需要一个认识到自己的意志具有自由的过程，然后需要一个把这种抽象的自由转化为现实生活中的自由的过程，最后还需要一个从外在的自由向内在

①[德]康德：《实践理性批判》，韩水法译，商务印书馆1999年版，第30页。

的自由复归的过程。在黑格尔的理论中，这一过程是通过个人成为国家的公民而实现的。

国家作为概念，在近代以来才获得了其全部的意义。在论及近代以来的哲人和古代哲学家的不同时，黑格尔认为，这种区别是由外在的自由向内在的自由的发展，是历史进步的结果。黑格尔说到，近代以来，我们再也没有看到过那种独立特性的古代哲学家了。在古代，哲学家们蔑视世俗，只关心对宇宙进行思维的考察，对于外在的世俗关系，他们退避三舍，无动于衷，并因为"退避到自己的思想世界里面"而"成为一般人民所称的偷闲者。"①的哲学家的生活。但是近代以来，哲学家们的一举一动都与世界有着密切的关联，全都是在国家里面与其他人处在相同的地位上，生活在公民关系之中。也就是说，近代的哲学家也是私人，但是他们的关系却并不与世隔绝，内在的目的和精神，也就是对真理和哲学的追求，只是"附带的奢侈品"。黑格尔认为这是历史进步、世俗原则和自身取得了和解的结果，是自由在国家中取得了具体的实现的表现。外部的世界在国家中有了秩序，各种世俗关系以合乎自然的、合理的方式结合在一起，个人在这种情况下就可以把自己的外在的方面交给外在秩序去管理，内在的东西也就可以与外在的东西各自独立互不依赖。

黑格尔认为，哲学用以观察历史的唯一的"思想"便是理性这个简单的概念。在他看来"'理性'是世界的主宰，世界历史因此是一种合理的过程"②。这种观点作为一种信念和见识，在现实的历史发展过程中，只能被看作是一个假定。但是一旦我们从历史的纷繁芜杂的材料中超拔出来，用哲学的理性的角度考察历史，它便不是一个假定了。思辨哲学，也就是思考的认识可以通过辩证法在哲学中证明："'理性'——我们这里

———————————
①[德]黑格尔：《哲学史讲演录》第一卷，贺麟、王太庆译，上海人民出版社2013年版，第55页。
②[德]黑格尔：《历史哲学》，王造时译，上海书店出版社2006年版，第8页。

就用这个名词，无须查究宇宙对于上帝的关系，——就是'实体'，也就是无限的权力。它自己的无限的素质，做着它所创始的一切自然的和精神生活的基础，还有那无限的形式推动着这种'内容'。"①用理性考察历史，就会发现"自由——个体性——历史性是联系在一起的"②。而这种发现的基础就是个体的死亡和有限性的概念。"人是一种'坏的无限'，一种开放的无限。在一系列无限之中的断裂。人能潜在地超越死亡（这就是为什么人能想象不死，死后继续存在）：人通过历史传统超越死亡。"③人作为有死的存在，必然在自然的必然性中走入死亡，但是人可以走出死亡的"坏无限"而潜在地超越死亡，达到"真无限"，而个体通达无限的中介就是历史。

用理性考察历史，就是用"那个以完全的自由自己决定自己的'思想'"④把世界历史在它的必然性中认识为"自由"意识的进展。在这个考察的过程中，黑格尔认为我们应该区分历史发展的外在的手段和内在的必然性。他说："'自由'发展为一个世界，它所用的手段的问题，使我们研究到历史本身的现象。自由虽然是一个内在的观念，它所用的手段却是外在的和现象的，它们在历史上直接呈现在我们眼前。"⑤也就是说，历史发展，内在展现为一种思辨意义上必然性的逻辑，但是在外部还是要利用外在的和现象的手段，也就是热情的偶然性的因素。黑格尔称之为历史发展交织的经纬线。在考察具体的历史事件时，黑格尔也坚持一种内在必然性与外在偶然性相结合的原则，也很反对猜测历史人物的心理动机，并以此作为考察一个历史事件的标准。在黑格尔看来，"在世界历史上，决定一件事业的价值的，并不是形式上的英勇，也不是所谓交战国的是

①[德]黑格尔：《历史哲学》，王造时译，上海书店出版社2006年版，第8页。
②[法]科耶夫：《黑格尔导读》，姜志辉译，译林出版社2005年版，第69页。
③[法]科耶夫：《黑格尔导读》，姜志辉译，译林出版社2005年版，第69—70页。
④[德]黑格尔：《历史哲学》，王造时译，上海书店出版社2006年版，第12页。
⑤[德]黑格尔：《历史哲学》，王造时译，上海书店出版社2006年版，第18页。

非，而是那个事业本身的重要性"①。在黑格尔看来，历史是受到某种目的作为指引的发展过程，历史的发展过程中虽然有理性和激情这两条经纬线的相互交织，但是所发生的各个事件，都是因为朝向这个目的而获得意义，在黑格尔看来这都是上帝的筹划。

世界历史经过了东方世界、希腊和罗马世界乃至日耳曼世界的发展，认识到了自己是绝对精神展现的各个环节，认识到了历史的发展逐步朝向的目标。作为伦理实体以及自由的理念的国家，精神认识是其自在自为的自身，而必然与自由也在国家与历史中得到了和谐发展。

（二）从东方世界到现代国家

黑格尔在他的历史哲学著作中具体论述了自由在历史中的发展历程。他把世界历史看作使未经管束的天然意志服从普遍的原则，并且达到主观的自由的训练。在他看来，自由经历了三个阶段的发展："东方从古到今知道只有'一个'是自由的；希腊和罗马世界知道'有些'是自由的；日耳曼世界知道'全体'是自由的。"②也就是说，自由在历史中的进展，经历了东方世界、希腊和罗马世界、日耳曼世界三个阶段的发展。

在黑格尔的时代，人们所说的东方世界主要指的是中国、波斯和印度。黑格尔说："在一个民族的发展中，最高点便是它对于自己的生活和状况已经获有一个思想——它已经将它的法律、正义、道德归合为科学，因为在这种（客观地和主观的）统一里含有'精神'自身所能达到的最深切的统一。"③而在东方世界，"它的基础是直接的意识——实体的精神性；主观的意志和这种意识最初所发生的关系是信仰、信心和服从。在东方国家生活里，我们看到一种实现了的理性的自由，逐渐发展而没有进展

---

①[德]黑格尔：《历史哲学》，王造时译，上海书店出版社2006年版，第240页。
②[德]黑格尔：《历史哲学》，王造时译，上海书店出版社2006年版，第9页。
③[德]黑格尔：《历史哲学》，王造时译，上海书店出版社2006年版，第70页。

成为主观的自由"①。

在黑格尔看来，中国是东方世界的代表。中国封建社会几千年的延续使得西方学者大为惊异，通过黑格尔的分析，我们确实可以明了其如此惊异的原因。在封建社会的王朝更替中，变化的只是不同的统治者，而不是那个不变的"天"，基本的社会组织形式和民族精神却一直在延续。黑格尔用思辨的语言这样描述东方："在西方完全属于主观的自由范围内的种种，在他们东方却自全部和普遍的东西内发生。东方观念的光荣在于'惟一的个人'一个实体，一切皆隶属于它，以致任何其他人都没有单独的存在，并且在他的主观的自由里照不见他自己。"②黑格尔说东方世界在道德方面也把实体性作为自己显著的原则，道德的规定表现为各种法则，主观的意志受到这些法则的管束，仿佛是受到一种外界力量的强制，而主观意见、良心等作为主观自由的表现的东西都没有得到承认。这样，东方世界中的司法也只是依照表面的道德行使，只是当作特权而存在。事实也确实如此，《诗经·小雅·北山》的一句话，"普天之下，莫非王土，率土之滨，莫非王臣"，在几千年的生活实践中被奉为最普遍的真理，而那个唯一的个人，也就是"王"，永远是现实生活中实体性的支配力量。而在道德生活中，也不是依照理性颁布的道德律令而行为，而是按照比个体理性更为宏大的伦理法则而行为。这种伦理的法则着眼于作为整体的社会生活，而不是个人的主观意见。比如我们常常引用的"慎终追远，民德归厚""子为父隐，父为子隐"等道德箴言，就是最好的说明。

虽然黑格尔在分析历史的时候，把东方国家作为"历史的幼年时期"，但是我们也不必因此内心愤愤。黑格尔对体系的建构所作出的努力是我们可以理解他这种划分的一个主要原因，另外一个原因是黑格尔本人虽然把国家在精神展现自身的过程中分为几个阶段，但同时也承认它们都

①[德]黑格尔：《历史哲学》，王造时译，上海书店出版社2006年版，第97页。
②[德]黑格尔：《历史哲学》，王造时译，上海书店出版社2006年版，第97页。

是具有历史必然性的存在，并不是主张以更高的阶段来颠覆或者毁灭较低的阶段。而且在分析中国的状况时，黑格尔在承认中国是一个"世界上唯一持久的国家"之外，还说"中国和印度可以说还在世界历史的局外，而只是预期着、等待着若干因素的结合，然后才能够得到活泼生动的进步"①。

希腊和罗马的时代精神在黑格尔看来代表的是一些人是自由的状态。

黑格尔说："希腊人的精神就活动在希腊人的生活里。"并且他们"意识到这种生活，知道这种生活是精神自身的实现"②。在黑格尔看来，希腊的精神是一个以自由的精神为基础的，自然与精神直接合一的活泼而且美的精神。因为其中包含着自然的因素，所以希腊的国家的道德形式也还染有自然的成分，国家都是一些小的自然个体，而且希腊的各国作为小的自然个体无法团结为一个整体。在希腊的精神中，还有一种自由和法治的精神。在雅典，"王侯对于臣民的关系以及王侯相互间的关系……出于大家感觉到的那种必需：要团结一致，要服从于一位善于命令的统治者——不能对于他怀有嫉妒和恶意。君王个人所享有的权威，全看他有多大能力来发扬这种权威；但是这种优越只是个人的英勇，根据个人的成绩，所以决不能够持久"③。

在雅典，经过了梭伦的立法之后，人人都在共同的法律基础上享有平等的权利，这样就使得民主政体成为一种以直接性的道德为主要因素的政体。此时对于城邦中生活的个人而言，正义的、实体的东西、国家的事物、大众的利益是主要的事情，它们只是作为"风俗"而成为个人关注的对象，真正的以内在性为基础的道德，此时还不存在。在希腊人中间，

①[德]黑格尔：《历史哲学》，王造时译，上海书店出版社2006年版，第110页。
②[德]黑格尔：《哲学史讲演录》第一卷，贺麟、王太庆译，商务印书馆1959年版，第159页。
③[德]黑格尔：《历史哲学》，王造时译，上海书店出版社2006年版，第215页。

"'风俗'是判断和执行'公理'的形式，这个形式是稳定的，而且还没有直接性的敌人——就是'意志'的反省和主观性"①。"雅典生活中主要的元素，便是个别的独立性和'美的精神'所鼓动的一种教化。"②"雅典人所表现的一个国家，它生存完全是为了'类'的目的，对于各种公共事务、'人类精神和生命'的各种兴趣，都具有彻底的认识，而且坚韧的勇气和实践的能力又同这种认识联合起来。"③但是，"在希腊，个人自由是有了，但是它没有进展到抽象的程度，个人还没有意识到直接依赖于实体、依赖国家。在这个'自由'的阶段里，个人的意志在生命力的整个范围内不受任何拘束，并且按照它个别的特性，包罗着那个实体的活动"④。

而在罗马时期，国家建筑在强制的因素上面，在希腊时期自由和活泼的精神就进入了抽象的阶段。一方面，这种精神作为抽象的国家、政治和权力，凌驾于具体的自由之面；另一方面，它又作为主观的内在性，在自我反思之中寻找自由。黑格尔说，这两种因素"在一方面构成了罗马——政治的普遍性；另一方面构成了个人抽象的自由，最先出现在'内在性'的形式之内"⑤。罗马是严格的贵族整体，处在和人民相互反对的状态中，国家行使抽象的政治权力，要求个体在任何方面都要为国家作出牺牲，"世界沉沦到了哀怨之中"。和这种普遍性相对立的抽象人格，无法改变外部世界，就转而在自我反思之中寻求自由，由此带来了斯多葛派的苦恼意识。

黑格尔认为只有到了日耳曼世界之后，人们才认识到全体是自由的。黑格尔说，积极的自由带来的应该是自觉的幸福，也就是说，我在现实中

①[德]黑格尔：《历史哲学》，王造时译，上海书店出版社2006年版，第235页。
②[德]黑格尔：《历史哲学》，王造时译，上海书店出版社2006年版，第243页。
③[德]黑格尔：《历史哲学》，王造时译，上海书店出版社2006年版，第245页。
④[德]黑格尔：《历史哲学》，王造时译，上海书店出版社2006年版，第234页。
⑤[德]黑格尔：《历史哲学》，王造时译，上海书店出版社2006年版，第261—262页。

是自由的，但是如果我不能自觉到这种自由，那么它也只是自在的自由。我在自身的反思之内是可以达到抽象的纯粹思想的自由，但是如果它没有活生生的内容，那也只是自由的概念，而不是实在的自由。自由只有既在现实中有了确定的保障，而个体又能自觉到这种自由，把自己与自由的理念看作是偶性与实体的关系，并在其中认识到自己与实体性的统一之后，才是现实的和具体的。黑格尔认为，这种现实的和具体的自由只有在近代自觉的日耳曼世界中才能达到。

塔西陀的《日耳曼尼亚志》给我们描绘了古代日耳曼人的生活图景，日耳曼人的善战和迁徙使得他们在精神的内部有一种宽容性，他们潮水一样涌入罗马，但是又接纳了罗马的文明。黑格尔说，日耳曼人的精神即使在最内在的方面也有一种外在性，在那些最深处的精神和心灵之中，也同样关注着作为它的外在表现的各个方面，在普遍性的基础上关注每一个特殊性，就带来了现实的和具体的个体性。古代日耳曼民族没有深刻的宗教信仰和法律观念，个人的自由是第一重要的，社会公众没有管辖个人的权力，因为社会的结合以自由为首要的元素。而在社会的中心，是靠忠诚联系起来的军事团体，个人有自由在各个团体之间进行选择，自动服从某个人，或者是把这种服从关系变为永远的关系。社会中的个人自由以及在自由基础上的联合，就使得国家成为各种私人权利和私人义务的没有普遍性的组合，"国家是许多私权的集合，一种合理的政治生活乃是经过无数艰苦的斗争和冲突才能够实现的产物"①。

这种没有普遍性的联合首先遭到了来自内部的反击和破坏，国家权力的普遍性已经消失了，个人成了孤立的个体，在丧失了国家权力的保障之后，就依附于强者，强者就变成了压迫者。在中世纪，日耳曼世界小国林立，纷争不已，这在黑格尔看来都是这种必然性的外在表现。而当时教会

①[德]黑格尔：《历史哲学》，王造时译，上海书店出版社2006年版，第333页。

也在人们的生活中逐渐占据了主要的作用，教会限制世俗的纵欲，但是教会本身却在这种限制中世俗化了，出现了腐败。

经过了中世纪的漫长发展以及对教会压迫的反抗，"人类已经感觉到了真实的'精神'的和谐和关于现实即关于世俗的生存的一种良心。'人类精神'已经站在它自己的基础上"。而且在这种从抽象的普遍意识进展到现实的自我意识的过程之中，精神并没有完全抛弃那普遍的和实体性的神圣的东西，"而只是显示着那种更优越的主观性；这种主观性在本身感觉了'神圣的东西'，它被'真的东西'渗透了，它的活动是走向各种带有合理性和美的普遍的目的"①。黑格尔把文艺复兴、美洲的发现以及到达东印度的新航路的开辟称为"黎明的曙光"，在现代社会中，"充满了最尊贵的和最高尚的东西，曾经由基督教给予了自由的、由教会解放出来的人类精神，显示出永恒的、真正的内容"②。

经历了宗教改革、启蒙运动和法国大革命之后，我们就进入了现代国家的领域之中。宗教改革使得世俗的东西在本身也能具有真理性的东西，破除了教会对于精神的普遍性、神圣的东西的控制，取消了人们对教会的盲从。而启蒙使得"人类的眼睛明亮了，知觉变的敏锐了，思想变得灵敏并有解释的能力了"③。"精神自己的内容在自由的现实中被理解，便是绝对的标准——代替了宗教信仰和权利（特别是政治权利）的积极法则的一切权威。"④

---

① [德]黑格尔：《历史哲学》，王造时译，上海书店出版社2006年版，第382页。
② [德]黑格尔：《历史哲学》，王造时译，上海书店出版社2006年版，第385页。
③ [德]黑格尔：《历史哲学》，王造时译，上海书店出版社2006年版，第411页。
④ [德]黑格尔：《历史哲学》，王造时译，上海书店出版社2006年版，第412页。

第四章

马克思对黑格尔国家理论的批判

黑格尔的国家理论是在高扬主体性原则的基础上，对古希腊城邦实体性原则的重新确证。但是在黑格尔的理论中存在着很多唯心主义的特征和理论盲点，马克思主义的经典作家站在历史唯物主义的高度，对黑格尔的国家理论作出了深刻的批判。

马克思对黑格尔哲学的批判贯穿于马克思主义思想发展与形成的各个阶段，而对国家学说的批判则主要集中在《黑格尔法哲学批判》一文之中。① 马克思一开始也是黑格尔的信徒，认为国家应该在家庭和市民社会的生活中起到一种实体性的作用，但是在《莱茵报》时期，马克思通过对于新闻检查制度、林木盗窃法、婚姻法和等级会议等具体的甚至是专业的法律和政治问题的关注，逐步认识到现实生活和理性国家之间的矛盾。国家作为一个理念，并不能够在现实生活中使个人对特殊利益的追求成为同时对普遍物的追求，反而是黑格尔所说的作为实体性力量的国家的制度被用作追求私人利益的手段，现实生活中的法并非完全符合理性，反而成为追求私人利益的工具。现实生活和国家理念的巨大反差使马克思走上了批判黑格尔国家学说的道路。

马克思在批判中指出，黑格尔的思辨的法哲学，并不是对落后的普鲁士王国的辩护，而是"关于现代国家——它的现实仍然是彼岸世界，虽

---

① 马克思对黑格尔哲学的批判是一个涉及很多方面很多层次的问题。在马克思的各个时期都贯穿着对黑格尔哲学的反思和批判，有关国家理论的批判也在很多论题中有所涉及，本书只是涉及了其中很少的一个部分。

然这个彼岸世界也只在莱茵河彼岸——的抽象而不切实际的思维"①。但是马克思认为这种对现代国家的思辨考察中贯穿着"逻辑的、泛神论的神秘主义"②。这种神秘主义主要把观念，也就是精神，作为现实的和主动性的力量，同时认为现实中的一切实存都是精神展现自身并回复自身的环节。这样现实中各种因素的变化和发展就成为外在于现实的精神的作用，就带来了对于观念和现实真实关系的颠倒。在黑格尔的哲学中，逻辑的发展是具有根本性的指导作用的力量，黑格尔把逻辑学应用于分析现实，就不可避免地在对现实的分析中，利用一切因素来迎合逻辑。面对现实生活中的矛盾，黑格尔虽然有清醒的认识，但是却并没有解决矛盾，而是用精神的力量和逻辑来调和矛盾。现实生活中的对立和矛盾在逻辑的体系中消逝于无形。马克思在《黑格尔法哲学批判》中主要对黑格尔《法哲学原理》中的第261到第313节作了摘录，虽然在个别章节也援引了其他章节，比如在论述财产和长子继承权时引用与摘录了黑格尔在第65和第66节有关财产的论述，但是马克思对黑格尔的批判主要集中在对黑格尔所说的王权、行政权和立法权的批判之上。

一、对观念与现实关系的颠倒

马克思认为，黑格尔对观念和现实关系的颠倒主要体现在以下几个方面：首先，在国家与家庭和市民社会的关系上，黑格尔用抽象的国家观念的发展代替了现实的家庭和市民社会的进步；其次，在国家和个人的关系上，黑格尔没有看到个人作为现实的人，其本质是在现实的生活和活动中显现出来的，而是把个人成为具体的人看作国家作为理念的主观性环节；最后，在君主制和民主制的关系上，黑格尔把现实的政治制度中的民主看作国家作为人格客观化的环节，而认为君主是民主的真理。

---

①《马克思恩格斯全集》第三卷，人民出版社2002年版，第207页。
②《马克思恩格斯全集》第三卷，人民出版社2002年版，第10页。

黑格尔哲学中对观念与现实之间关系的颠倒，是和他的哲学旨趣相关的。在马克思看来就是对"解释世界"的追求，黑格尔本人也认为对于国家，我们的任务是依据其实际情况而"认识"它。但是马克思与以往的哲学家不同，马克思关心的是如何"改造世界"。这样在对世界的认识中起到重要作用的思辨逻辑体系，就成为解释世界的合理体系。用逻辑来解释现实，是黑格尔哲学的伟大创举，只有在逻辑的合理性中，国家以及世界的合理性才得到最完善的解释。但是这样一来，逻辑的发展就成为决定性的力量，而且一切发展的逻辑环节都朝向着一个潜在的精神性的目标。马克思说黑格尔的哲学用逻辑的力量压制了现实的人的生活和发展。

（一）国家与市民社会

在马克思对黑格尔国家理论的批判中，最突出的一点是批判黑格尔对国家和市民社会关系的判断，马克思认为不是国家决定市民社会，而是市民社会决定国家。在这种批判中，很明显的是黑格尔和马克思二人对国家的不同理解。黑格尔的国家不是现实的普鲁士的封建王国，而是一个理想的现实和伦理实体。而马克思的国家则主要是指现存的政治的或者民族的国家。黑格尔的国家作为理想的现实，与特定的现存的社会是不同的，一个特定的社会和国家总是有限的，并且容易遭到批判和破坏，而黑格尔的国家或者说那种理想的现实存在于一个特定的国家之外，会随着国家中已知的精神和合理性而继续向前发展。这也正是黑格尔和马克思对国家与市民社会的关系作出不同论断的根本原因所在。

黑格尔说，具体的自由在于家庭和市民社会的特殊利益与国家作为理念的普遍利益的统一，在这种统一之中，个人在追求自己的特殊利益时，同时也能认识到国家作为普遍物的真理，以及追求国家作为普遍物的利益。在黑格尔看来，对于家庭和市民社会而言，国家一方面是它们的外在必然性和最高权力，另一方面又是它们的内在目的。

在马克思看来，家庭和市民社会以及司法等因素依存于国家，事实确实如此，但是问题在于黑格尔把家庭和市民社会对国家的依存纳入了"外在必然性"的范畴之中。"'外在必然性'的意思只能理解成这样：当家庭和社会的'法律'和'利益'同国家的'法律'和'利益'发生冲突时，家庭和社会的'法律'和'利益'必须依从国家的'法律'和'利益'；它们是从属于国家的；它们的存在依存于国家的存在；或者还可以说，国家的意志和法律对家庭和社会的'意志'和'法律'来说是一种必然性。"①马克思认为，这种外在的必然性是一种违背了事物的内在本质的必然性关系，而黑格尔对国家与家庭和社会之间关系的这种表述之中就暗示着一个二律背反，那就是国家一方面是家庭和社会的外在必然性，同时又是它们内在的目的。这个二律背反只有在国家作为主体的情况下才能得到合理的解释。也就是说，国家作为理念，是发展的主体和动力，家庭和社会只是国家发展的环节，在这些环节之中，国家作为观念是根本性的力量。但是在马克思看来这纯粹是对现实的歪曲和颠倒。马克思在对黑格尔的阐释中，"现实性没有被说成是这种现实性本身，而被说成是某种其他的现实性"②。同时，"观念变成了主体，而家庭和市民社会对国家的现实的关系被理解为观念的内在想象活动"③。

在马克思看来，家庭和市民社会是国家的前提，它们才是真实的活动着的力量。思辨哲学把观念和现实的关系颠倒过来之后，现实的主体，也就是市民社会、家庭就变成了观念的非现实的客观因素了。马克思说，黑格尔把国家划分为家庭和市民社会，认为它们是国家的现实的构成部分，是意志的现实的精神存在，是国家的存在方式。但是实际情况是家庭和市民社会通过自己的精神与自己的活动，使得自身成为国家。而在黑格尔的

---

①《马克思恩格斯全集》第三卷，人民出版社2002年版，第8页。
②《马克思恩格斯全集》第三卷，人民出版社2002年版，第10页。
③《马克思恩格斯全集》第三卷，人民出版社2002年版，第10页。

论述中，家庭和市民社会的存在被归功于另外的精神，而没有归功于自己的精神，这样，它们就表现为理念的有限性领域，而不是自在的领域。"政治国家没有家庭的自然基础和市民社会的人为基础就不可能存在。它们对国家来说是必要条件。但是，制约者被设定为受制约者，规定者被设定为被规定者，生产者被设定为其产品的产品。"①黑格尔的国家学说完全颠倒了观念和现实之间的关系。"国家的这种构成在这里被说成是观念的活动，即概念以它自己的材料所进行的'分配'；事实却是这样：国家是从作为家庭的成员和市民社会的成员而存在的这种群体中产生的。"②

马克思认为，黑格尔"在任何地方都把观念当作主体，而把本来意义上的现实的主体，例如'政治信念'变成谓语。而发展却总是在谓语方面完成的"③。不仅仅在国家与家庭和市民社会的关系中如此，在政治制度和国家的关系上，黑格尔也认为政治制度是观念向自己的各种差别及各种差别的客观现实性的发展。但是本来的思想是："国家或政治制度向各种差别及各种差别的客观现实性的发展是有机的发展。前提、主体是政治制度的现实差别或各个不同方面。谓语是这些不同方面作为有机的东西而具有的规定。"④在黑格尔的表述中，观念反而成了主体，而各种差别以及这些差别的现实性被设定为观念的发展和观念的产物，但是事实应该是观念从现实的差别中产生出来。

（二）国家与个人

黑格尔认为，个人只有在国家之中才有现实性，国家是实体性的普遍物，个人是特殊性的存在，个人只有作为某种人，作为国家的公民才是现

---

①《马克思恩格斯全集》第三卷，人民出版社2002年版，第12页。
②《马克思恩格斯全集》第三卷，人民出版社2002年版，第12页。
③《马克思恩格斯全集》第三卷，人民出版社2002年版，第14页。
④《马克思恩格斯全集》第三卷，人民出版社2002年版，第15页。

实的。马克思认为这是对人的现实本质的割裂。不仅如此，在黑格尔的哲学中，主权、国家的本质，首先被对象化为独立的存在物，然后又赋予它们精神的活动性，使得它们同时成为主体，这样一来，现实的存在就变成与普遍物有区别的东西，是普遍物发展自身的环节，就使普遍物与实在的存在物之间出现分裂，在马克思看来这是一种二元论的表现。

在政治生活中，人是二元的，人不仅仅有作为普遍物的性格，还有作为特殊物的性格。黑格尔说，个人在参与国家事务的时候，国家作为理念和普遍物，不是和具体的个人的特殊性格，而是和个人的普遍物的性格发生关系的。马克思说，在黑格尔的体系中，"国家的各种职能和活动同个人发生关系（国家只有通过各个人才能发生作用），但不同作为肉体的人，而是同作为政治的个人发生关系，同人的政治特质发生关系"①。而个人若要参与国家事务，就必须舍弃自己的特殊利益，而只是考虑国家的普遍利益。这种把人分裂为普遍物和特殊物的做法在马克思看来"是可笑的"，国家的职能和活动"通过实质性的联系，通过个人的基本特质而同个人联结在一起。它们是个人的基本特质的自然行动"②。现实的人只有一个，现实的人的特质也只有一个，那就是人的社会特质，国家的职能活动只是通过个人的社会特质才与个人相联系的，国家的各种活动和职能都是人的活动与职能，它们只不过是人的社会特质的存在方式和活动方式。马克思分析黑格尔的理论中之所以出现这么多的谬误，其根源就在于黑格尔用抽象的、孤立的观点考察国家的各种职能和活动，把它们作为国家理念的表现形式，作为普遍的东西而与个人的特殊的个体性相对立。

黑格尔把国家看作普遍性和特殊性的统一，而这种统一的结果就是产生了具有单一性和主观性的个体性。马克思首先认可了黑格尔在哲学中给予主观性以确定地位的做法，认为黑格尔的哲学是尊重主观性的哲学。

---

① 《马克思恩格斯全集》第三卷，人民出版社2002年版，第29页。
② 《马克思恩格斯全集》第三卷，人民出版社2002年版，第29页。

但是黑格尔把国家作为单一的人格而归之于君主，则遭到了马克思毫无保留的批判和攻击。马克思认为："主观性是主体的规定，人格是人的规定。黑格尔不把主观性和人格看作它们的主体的谓语，反而把这些谓语变成某种独立的东西，然后以神秘的方式把这些谓语变成谓语的主体。"①但是事实上，人格和主观性作为人和主体的谓语，只有作为人和主体才能够存在，"人格脱离了人，当然只是一个抽象，但人也只有在自己的类存在中，只有作为人们，才是人格的现实的观念"②。也就是说，黑格尔对君主作为主观性的最高环节的论证，在实际上却是对现实的君主制度的论证。在黑格尔的国家理论中，君主体现的是国家作为伦理实体的单一人格，是国家自身的确定性，是意志的最后决断。在现实生活中，君主的意志是最后的决断，但是在黑格尔的哲学中，君主是意志的最后阶段，君主作为意志的主体成为意志的谓语。在马克思看来，这只是简单地把经验的描述歪曲为形而上学的公理的游戏。

马克思说，在黑格尔的国家学说中，个人借助于出现在伦理实体中的各种类形式，比如法人、社会团体等而实现自己现实内容，使自己客体化，从而扬弃了人本身的抽象性。马克思认为，黑格尔在现实的人和抽象的国家之间有一个根本性的颠倒，那就是黑格尔不承认现实的人才是最具体的，而是把这种具体性给了作为观念的国家，在国家之中，个人只是"概念的环节"，是"单一性"的某种定在。而实际上，"国家是抽象的东西。只有人民才是具体的东西。值得注意的是，黑格尔把一种活生生的特质如主权赋予抽象东西时没有顾虑，而把它赋予具体的东西时则有顾虑和保留"③。

①《马克思恩格斯全集》第三卷，人民出版社2002年版，第32页。
②《马克思恩格斯全集》第三卷，人民出版社2002年版，第36页。
③《马克思恩格斯全集》第三卷，人民出版社2002年版，第38页。

（三）君主制和民主制

在批判了黑格尔的国家理论对现实的人和民众的忽视之后，马克思很快进入了对君主制和民主制的讨论。马克思认为，黑格尔把君主制看作民主制的真理，是对现实的人与国家制度之间本质关系的颠倒。在马克思看来，现实的人的生活决定了与自己本性相一致的国家制度是民主制，黑格尔用国家制度本身的发展来规定人的现实生活，是对它们之间本质关系的颠倒。

在《法哲学原理》第279节的附释中，黑格尔说了这样的一段话："如果只是一般地谈整体，那也可以说国内主权是属于人民的，这同我们前面（第277节、第278节）所说的国家拥有主权完全一样。"①马克思摘录了紧跟着的下面一段："人们近来开始谈论人民主权，通常都是指这种主权同存在于君主身上的主权相对立；在这种对立中，人民主权属于以人民的粗陋观念为基础的混乱思想。"②马克思说，在这里有"混乱思想"和"粗陋观念"的是黑格尔。马克思认为黑格尔的错误中最重要的一点就是"主权"这个词不可能有双重的存在。也就是说我们不能想象主权既存在于君主手中，又存在于人民手中；同样，我们也不能想象在一个国家内部有两种相互对立的主权。主权要么在君主手中，要么在人民手中。

马克思认为："民主制是君主制的真理，君主制却不是民主制的真理。君主制必然是本身不彻底的民主制，而君主环节却不是民主环节中的不彻底性。……在民主制中，任何一个环节都不具有与它本身的意义不同的意义。每一个环节实际上都只是整体人民的环节。在君主制中，则是部分决定整体的性质。……民主制是内容和形式，君主制似乎只是形式，然

---

①[德]黑格尔：《法哲学原理》，范扬、张企泰译，商务印书馆1961年版，第338页。
②[德]黑格尔：《法哲学原理》，范扬、张企泰译，商务印书馆1961年版，第338页。

而它伪造内容。"①马克思说，在民主制中，国家制度本身只表现为一种规定，也就是人民的自我规定，国家制度就其本质来说，是以现实的人民生活为基础的，而且就其现实性而言，也是人民的作品，是人的自由产物。"黑格尔从国家出发，把人变成主体化的国家。民主制从人出发，把国家变成客体化的人。……在民主制中，不是人为法律而存在，而是法律为人而存在，在这里法律是人的存在，而在其他国家形式中，人是法定的存在。"②

国家是由现实的人的生活组成的，只有在民主制的国家形式下，国家制度才体现现实的人和人的活动的本质规定。因此马克思说只有民主制才是普遍和特殊的真正统一，因为其形式的原则同时也就是内容的原则、国家制度的原则，同时也就是组成国家的现实的人和现实的人民的原则。马克思说，政治的人和非政治的人即私人一样都具有自己的特殊存在，有自己的特殊欲求，并通过需求的体系来满足自己的欲求。财产、契约、婚姻、市民社会和政治国家一样，都是作为特殊的存在方式，作为一种内容而存在于国家之中的，对于它们而言，政治国家是一种组织形式，"其实只是一种在规定、在限制、时而在肯定、时而在否定、而本身没有任何内容的理智"③。正是在民主制中，政治国家才与这种内容并行不悖，才作为内容本身的形式而被纳入现实的统一之中。它作为国家制度，才被看作是与现实的内容相一致的制度，而不再被看作是和现实的内容相互对立的东西。

二、逻辑对矛盾的调和

黑格尔在思辨逻辑指导下，把自己的哲学建构为许多不同层次的圆圈环环相扣的体系。在这个体系中，逻辑概念的发展是决定一切的力量。黑格尔

---

① 《马克思恩格斯全集》第三卷，人民出版社2002年版，第39页。
② 《马克思恩格斯全集》第三卷，人民出版社2002年版，第40页。
③ 《马克思恩格斯全集》第三卷，人民出版社2002年版，第41页。

并非对现实没有清醒的认识，他对现实生活中的矛盾也有很深刻的了解。但是在他看来，矛盾作为概念发展中的环节，是一个对立与纷争的环节，逻辑学不能停留于矛盾之中，而是要扬弃矛盾和克服矛盾。而这种克服，在黑格尔看来，只有诉诸更高一层概念的逻辑发展才能得到实现。马克思认为，黑格尔是在用现实迎合他的逻辑，是对现实和观念关系的颠倒。

对黑格尔的王权和行政权中的论述进行了批判之后，马克思进展到了对黑格尔在立法权环节论述的批判。立法权是作为普遍的环节以及王权和行政权的真理而出现的。在国家制度与立法权之间，在立法权与行政权之间，在国家的普遍事务和等级要素之间，都存在着对立和矛盾。马克思认为，黑格尔在面对这些矛盾时，完全用一种逻辑的方式使它们都在立法权的普遍性之中得到了调和。准确地把握了社会生活中的各种矛盾，是黑格尔的成功，用调和的方式去面对它们，而且在这种调和之中贯穿着泛逻辑主义态度，却是黑格尔的不足之处。

马克思首先批判黑格尔颠倒了法哲学和逻辑学之间的关系。在黑格尔的哲学体系中，绝对精神是发展的主体，绝对精神发展自身成为自然哲学和客观哲学，最后发展自身到精神哲学。法哲学只是绝对精神的一个发展环节，法哲学中各个环节之间的关系是通过概念中的逻辑必然性而得到证明的。逻辑学是研究法哲学的方法和前提，黑格尔是在逻辑学的基础上讨论法的概念的。在黑格尔的这种思维方式中，"具体的内容即现实的规定成了形式的东西，而完全抽象的形式规定则成了具体的内容。国家的各种规定的实质并不在于这些规定是国家的规定，而在于这些规定在其最抽象的形式中可以被看作逻辑学的形而上学的规定。真正注意的中心不是法哲学，而是逻辑学。哲学的工作不是使思维体现在政治规定中，而是使现存的政治规定消散于抽象的思想"①。

---

① 《马克思恩格斯全集》第三卷，人民出版社2002年版，第22页。

在谈到家庭和市民社会到政治国家之间的过渡时，黑格尔的观点是，本身就是国家精神的这两个领域的精神，同时认识到在自身之内的国家精神，并作为这种国家精神来对待自身，这样，国家精神作为家庭和市民社会的内在东西本身，就是现实的了。在马克思看来，"这完全是在逻辑学中所实现的那种从本质领域到概念领域的过渡。这种过渡在自然哲学中是从无机界到生命。永远是同样的一些范畴，它们时而为这一些领域，时而为那一些领域提供灵魂"①。

行政权是王权中的第二个环节，也就是作为使特殊物从属于普遍物的环节，在黑格尔看来，行政权面对的是市民社会中各种具体的事务。马克思认为，黑格尔在此处所做的工作就是"纯经验地描写了大臣的权利，……哲学在这里附加的惟一的东西，就是把这以'经验的事实'变成存在，变成'王权的特殊性环节'的谓语"②。马克思认为，黑格尔并没有阐明行政权，而且，即使假定黑格尔做到了这一点，也还是没有办法证明行政权超过一般国家公民的职能和规定。黑格尔之所以把行政权演绎为一种特殊的、单独的权利，作为在市民社会和国家之间的中介环节，是因为黑格尔首先把市民社会的特殊利益看作是与国家作为自在自为的普遍物相异的东西。行政权使市民社会中的特殊物归属于普遍物的过程，实际上就是行政机关作为官僚政治治理市民社会中的现实生活的过程。马克思说，黑格尔"完全没有阐明官僚政治的内容，只是给官僚政治的'形式的'组织做了一些一般的规定，而官僚政治实际上只是在它本身以外的一种内容的'形式主义'"③。这样，在官僚政治的"形式主义国家"中，国家的目的变成了办事机构的目的，变成了官僚的私人目的，变成了追逐高位和谋求发迹。

---

① 《马克思恩格斯全集》第三卷，人民出版社2002年版，第13—14页。
② 《马克思恩格斯全集》第三卷，人民出版社2002年版，第47页。
③ 《马克思恩格斯全集》第三卷，人民出版社2002年版，第58页。

马克思说，黑格尔在对行政权的论述中，给行政权所下的唯一的哲学定义，就是使单一和特殊从属于普遍，但是却并不关心这种从属的形式是否合理，是否合适。"他只是抓住这个范畴并满足于为它找到了一种相应的存在。黑格尔给他自己的逻辑提供了政治形体，但他没有提供政治形体的逻辑。"①

黑格尔对立法权的论述更是把逻辑的调和作用发挥到了极致。立法权是作为普遍物在特殊物中重新确证自身的环节而出现在伦理实体之中的，这种精神向自身的回归，在马克思看来只是利用逻辑的形式对现实生活中各种矛盾的调和与折中。马克思也承认黑格尔的深刻之处在于他处处都从各种规定的对立开始并强调这些对立，但是黑格尔总是用观念来衡量现存的东西，最终总是用逻辑的方式来弥合对立。

立法权中的第一个对立是国家制度与立法权之间的对立。一方面"立法权是组织普遍东西的权利。它规定国家制度的权利。它高居于国家制度之上"，而另一方面"立法权是按照国家制度确立起来的权利。因此，它是从属于国家制度的"②。面对这个冲突，黑格尔说，国家制度是立法权的前提，因为立法权是作为从主权中发展出来的一个环节而在伦理实体中具有自己的真理性地位的，国家制度本身就处于立法权的直接规定之外。但是同时，立法权又是组织普遍物的权力，它可以通过法律的不断完善和由于一般政府事务的前进性质而使国家制度得到进一步的发展。在马克思看来，黑格尔的解决是在实体即主体的原则上，把精神的主观性的力量应用于现实生活的结果，是一种以逻辑中的正反合为模式的解决方式。实际上，存在于国家制度和立法权之间的冲突只不过是国家制度与自身的冲突，是国家制度这一概念中的矛盾。

在对行政权和立法权之间的关系的描述中，黑格尔说，现实生活中

①《马克思恩格斯全集》第三卷，人民出版社2002年版，第62页。
②《马克思恩格斯全集》第三卷，人民出版社2002年版，第70页。

的人们可以通过各自不同的等级而参与国家生活，等级要素就成为立法权和行政权的中介环节。这在马克思看来，"黑格尔总是把国家和政府当作同一的东西设定为一方，而把分为特殊领域和特殊个人的人民设定为另一方。各等级作为中介机关处于这两者之间"①。等级要素是作为中介而存在的，通过它，国家的普遍意志和个人的特殊意志就达到了一致。马克思说这样一来，"国家和市民社会之间的协议是一种特殊领域，各等级是国家和市民社会之间的合题"②。但是，这种合题的存在仍然是黑格尔出于逻辑的体系的需要而设置的，他并没有说明各个等级应该如何着手把这两种相互矛盾的信念结合在自身之中。实际上，等级要素在国家中是国家和市民社会之间的设定的矛盾，一方面它是与政府相对立的、缩小了的人民，而另一方面它又是与人民相对立的、扩大了的政府。正是在等级要素之中，市民社会和政治社会才完全地实现了分离。马克思说："黑格尔觉得市民社会和政治社会的分离是一种矛盾，这是他的著作中比较深刻的地方。但是，错误在于：他满足于这种解决办法的表面现象，并把这种表面现象当作事情的本质。"③

马克思进而把对黑格尔国家学说的批判进展到有关私有财产、长子继承制、市民社会等相关内容，并总结性地评价黑格尔的国家理论："黑格尔只是阐发了国家形式主义。在黑格尔看来，真正的物质原则是观念，是被当作主体看待的国家的抽象思想形式，是本身不包含任何消极因素、任何物质因素的绝对观念。与这种观念的抽象相对照，现实的经验的国家形式主义的一切规定表现为内容，因此，现实的内容表现为无形式的、无机的物质。"④黑格尔的国家学说被很多人批评为形式主义、形而上学的国

---

① 《马克思恩格斯全集》第三卷，人民出版社2002年版，第84页。
② 《马克思恩格斯全集》第三卷，人民出版社2002年版，第85页。
③ 《马克思恩格斯全集》第三卷，人民出版社2002年版，第94页。
④ 《马克思恩格斯全集》第三卷，人民出版社2002年版，第144页。

家观，认为黑格尔用抽象的国家理念压制和消解了现实的人的实存，这都与马克思切中肯綮的论述很有关联。

三、黑格尔国家理论的成果与限度

黑格尔从概念的必然性出发，建构了庞大的哲学体系，其中每一个环节都在精神展现自身并且回复自身的过程中具有必然性的地位。国家理论作为黑格尔用哲学的方法分析现实生活的结果，也是一个庞大且复杂的体系。黑格尔从自由作为精神的本性出发，具体分析了从抽象的自由进展到现实的和具体的自由的历程，也就是从抽象法经过道德再到国家的过程。在国家中，个人作为国家的公民，分享了国家的实体性原则，在自己指向特殊利益的现实生活中，同时也希求普遍物和普遍利益；而且通过国家的风俗、习惯和教养的作用，能够在自己的活动中认识真理，并通过在国家制度中的生活达到与国家在实体性上的一致。

很多人都片面地理解马克思对黑格尔的批判，认为黑格尔创造性地使用了辩证法却没有从辩证法中超越出来，在他的庞大的哲学体系中把人看作绝对精神回复自身的一个环节，是用观念压制了个人的发展。尤其是在黑格尔的国家理论中，国家是伦理实体的最高环节，个人只有成为国家的公民，才能在现实的伦理生活中实现自己的自由。国家作为概念是一个合理性的整体，其中的各个环节都是按照概念的必然性而设定的，个人不用、不能也不可能对国家做任何实质性的改进和提高。

但是黑格尔的哲学并不是一个封闭的体系，在概念的圆圈式发展中存在着面向未来的开放性。而黑格尔的国家理论尤其集中地体现了这种开放性。首先，国家中的自由是个人的自由，国家并不压制个人自由的发展。个人可以在需要的体系中最大限度地发挥自己的主观性，使得自己的需要获得满足，自身的福利获得促进。其次，国家并不是已经存在的完善的伦理实体，国家在历史的发展中体现为向着世界精神逐步靠近的过程。国家作为伦理实体，是客观精神的环节，它既不是建立在自我确证基础之上的理论精神，也不是一般意义上支配人们去行动的实践精神，而是在理论精神与实践精神相统一的基础上形成的，能够客观化自身，达到理性与它的现实统一的精神。国家作为客观精神的环节，在其理念之中包含的必然性就是要达到个人与国家、理性与现实的和解。国家作为包含特殊性于其自身之中的理念，在现实生活中体现为具体的和特殊的民族国家，这样，在具体的民族国家之上，就有了一种更为普遍的精神作为权威的法官对具体的民族国家作出评判。这一精神就是世界精神，这一法官就是世界历史。黑格尔把世界精神归于自由理念，在世界历史的理性法庭中，每一个民族国家的伟大与渺小、成功与失败，乃至它们的兴衰存亡，都将取决于它们对精神自由的意识和态度。这样，一个具体的和现实的国家，只有意识到在自己的民族精神内所包含的世界精神，不断地与已经前进的世界精神保持同步，并使得这一精神在理论上和实践上得到践履之后，才能在世界历史的发展中占有一席之地。也就是说，国家同个人乃至整个人类一样，必须完成一个自我教化的过程，也就是通过思想达到自由，把现实的存在变得合乎自由的理念的过程，也是一个面向未来保持开放的过程。

不仅如此，黑格尔的国家观，在对未来保持开放的同时，还是对启蒙以来的对象化世界的思辨克服。在启蒙以前，宇宙是一个有意义和秩序的整体，它是上帝意志的产物，在这个整体中，有一个终极的原因规定着个体的幸福和苦难、光荣与梦想。国家在这个整体中，是直接与最终极的善相联系的，而人的最完满的实现就在于用最恰当的方式成为国家的公民，在国家中生活，并通过对国家的理解和沉思而面对最高的真理。但是这一观念在启蒙时期认识论的革新者看来是无法接受的，他们把它作为人心的弱点和幻象而加以克服。启蒙时期的思想家要求我们把世界作为一个对象加以考察，把国家看作是与个人不同的外部强制。而当我们这样做的时候，就发现世界本身是一个机械的、同质的和偶然的"祛魅"的世界。

国家作为外部强制，或者成为保障人的天赋权利的工具，或者只是对个人自由的压迫性力量。另一方面，自我在反思中的确定性成为在这个分裂的世界中唯一得到肯定的东西，主体的地位得到了前所未有的高扬。这样一来，不仅是自我的反思又带来了对反思的反思，最终带来主体的无穷分裂，而且在个人与世界、个人与国家之间带来了无法弥补的分裂。

黑格尔的哲学受益于启蒙思想，却不同于甚至超越启蒙思想。在启蒙思想中有用是唯一的观念，但是它却不是黑格尔哲学中最重要的价值。黑格尔在对启蒙思想进行反思的基础上，重新确立了世界的统一性和实体性力量。世界来源于绝对精神的设定，是绝对精神展现自身并回复自身的环节。国家作为客观精神的最高环节，不仅带有理念的必然性和普遍性，同时把个体的特殊性包含于自身之内，使得普遍性、特殊性在个体性的环节中得到统一。个人成为国家的公民，并不影响他的特殊意志展现自身，在需要的体系中满足自身，同时，个人作为国家的公民，就是国家作为普遍意志展现自身的载体和环节，个人就成为伦理的人，也就是用理性的光芒关照自己的践履活动的人。黑格尔在他的哲学中重新确立了世界作为整体的意义和价值，使得"祛魅"之后的世界，在自我反思之中扬弃了自身的分裂，获得了实体性的力量。

黑格尔的国家理论取得了重要的理论成果，是我们理解个人与国家的统一，以及在市民社会的分裂之中重新发现伦理的维度的重要理论资源。但是在黑格尔的理解中，国家作为伦理实体，带有实体性的力量，可以使现实的个人的生活在普遍和特殊的统一中达到个体性，这一理想性的观点如何在现代社会中得到实现，也面临着很多具体的难题。邦雅曼·贡斯当在著作《古代人的自由和现代人的自由》中详细比较了古代城邦以及现代社会的状况，认为我们无法在现代生活中重现城邦生活中实体性的自由。而在现代的政治哲学中，虽然有很多人选择在现代自由政治的基本立场上，提出要以城邦政治价值补充公共精神的缺失，重振个人自由，但是他们的理论也面临着很多的困境和难题①。

贡斯当的理由主要有以下几个方面。第一，古代城邦的领土范围往往都很狭小，而现代生活中的最小的国家也许都比古代最大的城邦拥有更加复杂的地理环境和更多的人口。古代城邦之中"人口最多、最强盛、规模最大者也无法与现代最小的共和国相提并论"②。第二，由于疆域狭小，所有的国家都不得不以战争为代价来换取他们的安全。战争是城邦公民的生活方式或者说是生存方式，而在现代，"由于启蒙思想的发展，就连欧洲分裂为众多国家也更像一种表面现象，而不是真正的事实"③。第三，由于古代城邦中的公民最主要的任务就是在战争中保卫城邦，作为这种生存方式的一个必然的结果就是，所有这些城邦国家都有奴隶、手工劳动，甚至包括工业职业，都托付给了"会说话的工具"。

而在现代，由于商业、宗教以及人类道德与知识的进步，现代人与古代人有了根本性的不同。贡斯当认为，这些不同主要表现在以下几个方面。首先，"国家规模的扩大导致每一个人分享政治的重要性相应降低"④。在斯巴达与罗马，即使拥有财产最少的公民也在政治生活中拥有权利，每个人都有义务在公共事务中发表意见，在雅典甚至有法律规定在出现争执的时候不允许中立。而现代国家如英国或美国的普通公民却并非如此。其次，"奴隶制的废除剥夺了自由民因奴隶从事大部分劳动而带来

①参见以昆廷·斯金纳、波考克等人为代表的现代共和主义派的政治观点，以及以泰勒和麦金太尔为代表的社群主义的政治观点。

②[法]邦雅曼·贡斯当：《古代人的自由与现代人的自由》，阎克文、刘满贵译，冯克利校，上海人民出版社2005年版，第36页。

③[法]邦雅曼·贡斯当：《古代人的自由与现代人的自由》，阎克文、刘满贵译，冯克利校，上海人民出版社2005年版，第36页。

④[法]邦雅曼·贡斯当：《古代人的自由与现代人的自由》，阎克文、刘满贵译，冯克利校，上海人民出版社2005年版，第37页。

的所有闲暇"①。如果没有雅典的奴隶，2万雅典自由民不可能每天都有闲暇在公共广场上讨论城邦事务。再次，商业的发展带来了与以往以战争为主的生活方式不同的另一种生活方式，它并不和战争时期一样"给人们的生活留下一段无所事事的间歇"②。战争是古代城邦公民的主要事务，但是战争不是持续的，而是间歇性的，在公民不用保护城邦的时候，他们就通过不断地行使政治权利，日复一日地讨论国家事务来充实自己的生活。但是在现代社会中，每一个个体都专注于自己的思考、自己的事业，参与国家的政治生活并不一定是他们最希望的生活。最后，在商业活动的发展中，"商业激发了人们对个人独立的挚爱"。"商业在没有权威干预的情况下提供了人们的需求，满足了他们的欲望。权威的干预实际上总是令人困扰和窘迫的。"③

黑格尔本人也有类似的说法，他在对希腊各个共和国的考察中也认为有三种情形是我们必须加以特殊注意的。一是神谕作为"意志的主观性"，也就是作为占据优势地位的理性所决定的意志在社会中的强大力量；二是希腊的奴隶制度，认为这种制度在使得公民摆脱劳力的工作，从而为政治生活留出闲暇具有重要作用；三是希腊共和国的民主宪法只能在小国之内行使，也就是在不超出城市限度的国家内行使。

在黑格尔的理论中，国家代表的是伦理性的力量，是普遍性和特殊性的统一，其中，个体的特殊意志与普遍意志达到了同一，进而获得了带有普遍性的承认。但是，在全球化进程逐步加快的今天，在现实生活重建城邦生活的实体性已经被公认为不可能的任务。结合贡斯当的分析，我们可

①[法]邦雅曼·贡斯当：《古代人的自由与现代人的自由》，阎克文、刘满贵译，冯克利校，上海人民出版社2005年版，第37页。
②[法]邦雅曼·贡斯当：《古代人的自由与现代人的自由》，阎克文、刘满贵译，冯克利校，上海人民出版社2005年版，第38页。
③[法]邦雅曼·贡斯当：《古代人的自由与现代人的自由》，阎克文、刘满贵译，冯克利校，上海人民出版社2005年版，第38页。

以得出结论：在国家的外部，跨国主体和跨国活动的急剧增加，使得传统意义上的主权与边界受到了越来越多的挑战，而在国家内部，个人和国内团体力量的不断增强，削弱了个人对国家的信任和依赖，也相应地削弱了国家在个人的生活中具有的伦理性力量。在这样的状况下，如何建构国家作为伦理实体的价值和意义，如何在以私有制为基础的社会形态中，建构带有普遍性的相互承认，始终是一个悬而未决的问题。

当我们带着这个问题回到马克思对黑格尔的批判，结合马克思对私有制、分工和异化等问题的分析，我们就会发现，黑格尔虽然自称在其国家之中个体的自由达到了具体的和现实的实现，却仍然不能说是一个完全合理性的现实存在。"黑格尔应该受到责难的地方，并不在于他如实描写了现代国家的本质，而在于他用现存的东西来冒充国家的本质。合乎理性的东西都是现实的，证明这一点的却正好是非理性的现实的矛盾，这种非理性的现实性处处都同它关于自己的说法相反，而它关于自己的说法又同它的本来面目相反。"①黑格尔的国家并不是合理性的、自由得到了具体的和现实的实现的国家，而是异化的资本主义国家。只有在克服了异化状态的未来共产主义社会中，自由才真正普遍地得到实现。实现这一伟大的目标还需要世界历史在时间和空间上不断地向更高层次的合理性逐步接近。

---

① 《马克思恩格斯全集》第三卷，人民出版社2002年版，第80—81页。

参考文献

一、图书

[1] [德]黑格尔.法哲学原理[M].范扬，张企泰，译.北京:商务印书馆，1961.

[2] [德]黑格尔.法哲学原理[M].邓安庆，译.北京:人民出版社，2016.

[3] [德]黑格尔.小逻辑[M].贺麟，译.北京:商务印书馆，1980.

[4] [德]黑格尔.精神现象学：上、下[M].贺麟，王玖兴，译.北京:商务印书馆，1979.

[5] [德]黑格尔.历史哲学[M].王造时，译.上海:上海书店出版社，2001.

[6] [德]黑格尔.哲学史讲演录：第4卷[M].贺麟，王太庆，译.北京:商务印馆，1959.

[7] [德]黑格尔.哲学史讲演录：第1卷[M].贺麟，王太庆，等，译.上海:上海人民出版社，2013.

[8] [德]黑格尔.精神哲学：哲学科学百科全书纲要第三部分[M].韦卓民，译.武汉：华中师范大学出版社，2006.

[9] [德]黑格尔.哲学科学全书纲要[M].薛华，译.上海：上海人民出版社，2002.

[10] Hegel G.W.F.Elements of the Philosophy of Right[M].London:Cambridge University Press，1991.

[11] [德]康德.道德形而上学原理[M].苗力田，译.上海:上海人民出版社，2005.

[12] [德]康德.实践理性批判[M].韩水法，译.北京:商务印书馆，1999.

[13] [德]康德.逻辑学讲义[M].许景行，译.杨一之，校.北京:商务印书馆，1991.

[14] [德]康德.未来形而上学导论[M].庞景仁，译.北京:商务印书馆，1978.

[15] [德]康德.纯粹理性批判[M].邓晓芒，译.杨祖陶，校.北京:人民出版社，
    2004.

[16] [德]康德.法的形而上学原理[M].沈叔平，译.林荣远，校.北京:商务印书
    馆，1991.

[17] [德]康德.实用人类学[M].邓晓芒，译.上海:上海人民出版社，2005.

[18] [英]休谟.自然宗教对话录[M].陈修斋，曹棉之，译.郑之骧，校.北京:商
    务印书馆，1962.

[19] [德]康德.历史理性批判文集[M].何兆武，译.北京:商务印书馆，1997.

[20] [加拿大]查尔斯·泰勒.黑格尔[M].张国清，朱进东，译.南京:译林出版
    社，2002.

[21] 邹化政.黑格尔哲学统观[M].长春:吉林人民出版社，1991.

[22] 苗力田，李毓章.西方哲学史新编[M].北京:人民出版社，1990.

[23] [加拿大]约翰·华特生.康德哲学讲解[M].韦卓民，译.武汉:华中科技大
    学出版社，2000.

[24] [英]康蒲·斯密.康德《纯粹理性批判》解义[M].韦卓民，译.武汉:华中
    科技大学出版社，2000.

[25] 黄裕生.真理与自由：康德哲学的存在论阐释[M].南京:江苏人民出版
    社，2002.

[26] [美]阿利森.康德的自由理论[M].陈虎平，译.沈阳:辽宁教育出版社，
    2001.

[27] 郑昕.康德学述[M].北京:商务印书馆，1984.

[28] [法]科耶夫.黑格尔导读[M].南京：译林出版社，2005.

[29] [英]卡尔·波普尔.开放社会及其敌人[M].郑一明，等，译.北京:中国社
    会科学出版社，1999.

[30] 张文显.二十世纪西方法哲学思潮研究[M].北京:法律出版社，1996.

[31] [美]卡尔·贝克尔.启蒙时代哲学家的天城[M].何兆武,译.南京:江苏教育出版社,2005.

[32] [苏联]阿尔森·古留加.黑格尔传[M].刘半九,等,译.北京:商务印书馆,1978.

[33] [英]戴维·麦克莱伦.青年黑格尔派与马克思[M].夏威仪,等,译.北京:商务印书馆,1982.

[34] 杨祖陶,邓晓芒.康德三大批判精粹[M].北京:人民出版社,2001.

[35] [美]埃德加·博登海默.法理学—法哲学及其方法[M].邓正来,姬敬武,译.北京:华夏出版社,1987.

[36] 邓晓芒.思辨的张力:黑格尔辩证法新探[M].长沙:湖南教育出版社,1992.

[37] [加拿大]查尔斯·泰勒.自我的根源:现代认同的形成[M].韩震,等,译.南京:译林出版社,2001.

[38] [美]乔治·霍兰·萨拜因.政治学说史[M].盛葵阳,等,译.北京:商务印书馆,1986.

[39] [美]列奥·施特劳斯,约瑟夫·克罗波西.政治哲学史[M].陈天然,等,译.石家庄:河北人民出版社,1997.

[40] [美]约翰·麦克里兰.西方政治思想史[M].彭淮栋,译.海口:海南出版社,2003.

[41] [英]霍布豪斯.形而上学的国家论[M].汪淑钧,译.北京:商务印书馆,1997.

[42] T.N.奥依则尔曼,等.论黑格尔哲学[M].北京:科学出版社,1959.

[43] 徐大同.西方政治思想史[M].天津:天津教育出版社,2000.

[44] 王邦佐,潘世伟.二十世纪中国社会科学:政治学卷[M].上海:上海人民出版社,2005.

[45] 唐士其.西方政治思想史[M].北京:北京大学出版社,2005.

[46] 卢卡奇.历史与阶级意识[M].杜章智，等，译.北京:商务印书馆，1996.

[47] 汪子嵩，王太庆.陈康：论希腊哲学[M].北京:商务印书馆，1990.

[48] [法]卢梭.论人类不平等的起源和基础[M].李常山，译.北京:商务印书馆，1962.

[49] [法]卢梭.社会契约论[M].何兆武，译.北京: 商务印书馆，1994.

[50] [法]卢梭.爱弥儿[M].李平沤，译.北京:商务印书馆，1994.

[51] [英]莫尔.乌托邦[M].戴镏龄，译.北京:商务印书馆，1959.

[52] [英]泰勒.苏格拉底[M].周濂，朱万国，译.济南:山东人民出版社，1998.

[53] [英]泰勒，[奥]龚珀茨.苏格拉底传[M].赵继铨，等，译.北京:商务印书馆，1999.

[54] 黄克剑.人韵:一种对马克思的读解[M].北京:东方出版社，1996.

[55] 黄克剑.心蕴：一种对西方哲学的读解[M].北京:中国青年出版社，1999.

[56] 严群.亚里士多德之伦理思想[M].北京:商务印书馆，2003.

[57] [古希腊]柏拉图.蒂迈欧篇[M].谢文郁，译.上海:上海人民出版社，2005.

[58] Plato.Statesman[M].Translated by Waterfield.北京:中国政法大学出版社，2003.

[59] Plato.Republic[M].Translated by Davies & Vaughan.北京:外语教学与研究出版社，1998.

[60][英]戴维·梅林.理解柏拉图[M].喻阳，译.沈阳:辽宁教育出版社，2000.

[61] [古罗马]西塞罗.西塞罗三论[M].徐奕春，译.北京:商务印书馆，1998.

[62] [古罗马]西塞罗.论义务[M].王焕生，译.北京:中国政法大学出版社，1998.

[63] [古罗马]西塞罗.国家篇　法律篇[M].沈叔平，等，译.北京:商务印书馆，1999.

[64] [古罗马]西塞罗.论共和国　论法律[M].王焕生，译.北京:商务印书馆，1997.

[65] [古希腊]亚里士多德.雅典政制[M].日知,力野,译.北京:商务印书馆,1959.

[66] 苗力田.黑格尔书信百封[M].上海：上海人民出版社,1984.

[67] 邓晓芒.邓晓芒讲黑格尔[M].北京：北京大学出版社,2006.

[68] [荷兰]斯宾诺莎.伦理学[M].贺麟,译.北京:商务印书馆,1983.

[69] [意]马基雅维里.君主论[M].潘汉典,译.北京:商务印书馆,1993.

[70] [英]霍布斯.利维坦[M].黎思复,等,译.北京:商务印书馆,1995.

[71] 杨一之.康德黑格尔哲学讲稿[M].北京:商务印书馆,1996.

[72] [古希腊]色诺芬.回忆苏格拉底[M].吴永泉,译.北京:商务印书馆,1997.

[73] [古希腊]柏拉图.理想国[M].郭斌和,张竹明,译.北京:商务印书馆,1994.

[74] [古希腊]柏拉图.巴曼尼得斯篇[M].陈康,译注.北京:商务印书馆,1985.

[75] [古希腊]亚里士多德.政治学[M].吴寿彭,译.北京:商务印书馆,1996.

[76] 苗力田.亚里士多德选集：伦理学卷[M].北京：中国人民大学出版社,1999.

[77] [古希腊]亚里士多德.形而上学[M].吴寿彭,译.北京:商务印书馆,1995.

[78] [德]费希特.激情自我：费希特书信选[M].洪汉鼎,倪梁康,译.北京:经济日报出版社,2001.

[79] [英]巴克.希腊政治理论[M].卢华萍,译.长春:吉林人民出版社,2003.

[80] [德]克朗纳.论康德与黑格尔[M].关子严,译.上海:同济大学出版社,2004.

[81] 北京大学哲学系哲学史组.马克思、恩格斯、列宁、斯大林论德国古典哲学[M].北京:商务印书馆,1972.

[82] More.Utopia[M].Translated by Robinson.北京:外语教学与研究出版社,1998.

[83] [法]德里达.马克思的幽灵：债务国家、哀悼活动和新国际[M].何一,

译.北京:中国人民大学出版社，1999.

[84] [比]特鲁松.卢梭传[M].李平沤，等，译.北京:商务印书馆，1998.

[85] [英]罗斯.亚里士多德[M].王路，译.北京:商务印书馆，1997.

[86] [苏联]古留加.康德传[M].贾泽林，等，译.北京:商务印书馆，1997.

[87] [法]布兰.柏拉图及其学园[M].杨国政，译.北京:商务印书馆，1999.

[88] [英]泰勒.柏拉图：生平及其著作[M].谢随知，等，译.济南:山东人民出版社，1996.

[89] [德]卡西尔.国家的神话[M].范进，等，译.北京:华夏出版社，1999.

[90] [法]弗雷德里斯.勒内·笛卡尔先生在他的时代[M].管震湖，译.北京:商务印书馆，1997.

[91] 郁建兴.自由主义批判与自由理论的重建[M].上海:学林出版社，2000.

[92] 顾肃.自由主义基本理念[M].北京:中央编译出版社，2003.

[93] 薛华.自由意识的发展[M].北京:中国社会科学出版社，1983.

[94] 梁志学.费希特著作选集：第4卷[M].北京:商务印书馆，1994.

[95] [美]布朗.黑格尔[M].彭俊平，译.北京:中华书局，2002.

[96] 张世英.论黑格尔的精神哲学[M].上海:上海人民出版社，1986.

[97] 郭大为.费希特伦理思想研究[M].北京:中国社会科学出版社，2003.

[98] [英]霍布豪斯.自由主义[M].北京:商务印书馆，1996.

[99] 黑格尔政治著作选（剑桥政治思想史原著系列影印本）[M].北京：中国政法大学出版社，2003.

[100] [荷兰]斯宾诺莎.政治论[M].冯炳昆，译.北京:商务印书馆，1999.

[101] 马克思恩格斯全集：第3卷[M].北京:人民出版社，2002.

[102] 马克思恩格斯选集：第1卷[M].北京:人民出版社，1995.

[103] 徐向东.自由主义、社会契约与政治辩护[M].北京：北京大学出版社，2005.

[104] [英]以赛亚·伯林.自由及其背叛[M].赵国新，译.南京：译林出版社，

2011.

[105] [英]洛克.政府论[M].叶启芳，瞿菊农，译.北京:商务印书馆，1964.

[106] [意]圭多·德·拉吉罗.欧洲自由主义史[M].杨军，译.长春：吉林人民出版社，2001.

[107] 杨晓东.马克思与欧洲近代政治哲学[M].北京：社会科学文献出版社，2008.

[108] 杨祖陶，邓晓芒.康德《纯粹理性批判》指要[M].北京:人民出版社，2001.

[109] 邓晓芒.黑格尔辩证法讲演录[M].北京：北京大学出版社，2005.

[110] [英]昆廷·斯金纳.自由主义之前的自由[M].李宏图，译.上海：上海三联书店，2003.

[111] 休谟政治论文选[M].张若衡，译.北京：商务印书馆，1993.

[112] [美]汤姆·罗克摩尔.黑格尔：之前和之后[M].柯小刚，译.北京：北京大学出版社，2005.

[113] [美]汉娜·阿伦特.马克思与西方政治思想传统[M].孙传钊，译.南京：江苏人民出版社，2007.

[114] 宋希仁.西方伦理思想史[M].北京：中国人民大学出版社，2004.

[115] Allen W.Wood.Hegel's Ethical Thought [M]. London: Cambridge University Press，1990.

[116] Robert B.Pippin.Idealism as Modernism [M]. London: Cambridge University Press，1997.

[117] Robert R.Williams.Hegel's Ethics of Recognition [M]. California: University of California Press，1997.

[118] Robert R.Williams.Recognition: Fichte and Hegel on the Other [M]. New York: State University of New York Press，1997.

[119] Alan Patten. Hegel's Idea of Freedom [M].London: Oxford University

Press，1999.

[120] Roger Scruton， Peter Singer， Christopher Janaway，Michael Tanner. German philosophers [M].London: Oxford University Press， 1997.

[121] Joachim Ritter.Hegel and the french revolution [M].London: the MIT Press， 1984.

二、论文集、会议发言

[1] 张志扬."知其白守其黑":"主从伦理"之政治秩序掩盖了什么？ [C]."现象学与伦理"国际学术研讨会，广州：2004.

[2] 谢地坤.道德敬畏与价值判断[C]."康德哲学及其现代意义"学术研讨会 论文集，太原：2004.

[3] 陈嘉明.康德哲学中的基础主义[C]."康德哲学及其现代意义"学术研讨 会论文集，太原：2004.

[4] 张旭.论康德永久和平观念中的道德与政治[C]."康德哲学及其现代意义" 学术研讨会论文集，太原：2004.

[5] 谢地坤.自由与宗教:从谢林的"自由论"谈起[C]."理性、信仰与宗教" 全国学术研讨会，贵阳：2006.

三、学位论文

[1] 吉国宾.德性秩序与城邦正义:论柏拉图《国家篇》中的正义理论[D].济南： 山东大学，2005.

[2] 杨炳伟.《1844年经济学哲学手稿》伦理思想研究[D].桂林：广西师范大学， 2004.

[3] 邹燕."人生而自由":论卢梭的自由观[D].兰州：兰州大学，2007.

[4] 刘晶.《社会契约论》的伦理解读：对卢梭的新透视[D].西安：陕西师范 大学，2006.

[5] 熊文驰.城邦共和政治与德性行动：亚里士多德政治哲学研究[D].上海：
    复旦大学，2006.

[6] 王福生.从思辨到革命：马克思对黑格尔辩证法的颠倒[D].长春：吉林大
    学，2004.

[7] 丁三东.论黑格尔的自由谱系：对《法哲学原理》的一种解释[D].武汉：
    武汉大学，2005.

[8] 戴业强.个人与国家之间：霍布斯公民思想研究[D].上海：上海师范大学，
    2008.

[9] 章忠民.黑格尔的当代意义[D].上海：复旦大学，2002.

[10] 赵庆杰.家庭与伦理[D].南京：东南大学，2005.

[11] 郭艳君.历史与人的生成[D].哈尔滨：黑龙江大学，2002.

四、期刊

[1] 张世英."本质"是一个与人类历史文化俱进的发展过程[J].江苏社会科
    学，2007（5）.

[2] 丁三东."承认"：黑格尔实践哲学的复兴[J].世界哲学，2007（2）.

[3] 宋希仁."道德"概念的历史回顾：读黑格尔《法哲学原理》随想[J].玉
    溪师范学院学报，2004（4）.

[4] 崔建树."国家至上"的现实政治：黑格尔国际政治思想研究[J].国际政
    治研究，2008（1）.

[5] 仰海峰.《精神现象学》中主人——奴隶的辩证法[J].现代哲学，2007
    （3）.

[6] 郑又成.《利维坦》的国家理念[J].常德师范学院学报，2001（4）.

[7] 李红珍."利维坦"对"狼"的慑服：霍布斯的政治逻辑浅析[J].哈尔滨
    学院学报，2007（6）.

[8] 周凡."伦理"如何超越"道德"：论黑格尔在《精神现象学》中对康

德道德哲学的批判[J].社会科学战线，2007（4）.

[9] 樊浩."实践理性"与"伦理精神"：基于黑格尔道德形而上学理论资源的研究[J].哲学研究，2005（4）.

[10] 庞俊来.伦理流：黑格尔形上伦理思想探析[J].江西社会科学，2008（6）.

[11] 王岩.柏拉图、亚里士多德政治哲学比较研究[J].政治学研究，2001（4）.

[12] 李琦.柏拉图的理念论：作为形而上学的伦理学[J].台声·新视角，2006（1）.

[13] 陈燕.柏拉图和亚里士多德的经济伦理思想比较[J].伦理学研究，2003（5）.

[14] 郝洁.柏拉图与亚里士多德理论的比较[J].理论探索，1999（6）.

[15] 安春华.柏拉图与亚里士多德伦理思想之异同[J].宁夏社会科学，2005（6）.

[16] 周少来.柏拉图政治逻辑评析[J].理论学刊，1999（6）.

[17] 李晓江.背负着自由之轭的"人"：黑格尔哲学之人学意蕴探赜[J].人文视点，2008（8）.

[18] 卢德友.变化社会中整体统一的理想国：柏拉图与黑格尔的追求[J].西安石油大学学报，2007（5）.

[19] 陈华森，王宝林.并非极权主义的黑格尔国家学说[J].前沿，2007（10）.

[20] 高兆明.财产权与契约关系：黑格尔《法哲学原理》读书札记[J].南京师大学报，2006（2）.

[21] 许方文.刍议黑格尔和马克思之"市民社会"差异性[J].社会科学家，2006（增刊）.

[22] 胡建.从"个人主义"到"国家整体主义"：黑格尔的社会文化价值目

标述评[J].浙江学刊，2000（1）.

[23] 孟琦.从"意识的异化"到"劳动的异化"：兼及黑格尔的异化理论及马克思对其之超越[J].哈尔滨学院学报，2007（10）.

[24] 王莉君.从个人主义权利观念到整体主义权利观念：黑格尔权利思想探微[J].河南科技大学学报，2003（1）.

[25] 蔡晓霞.从黑格尔《法哲学原理》看黑格尔所有权理论[J].石家庄铁道学院学报，2007（1）.

[26] 张一兵.从精神现象学到人学现象学：析青年马克思《1844年手稿》中对黑格尔的批判[J].社会科学研究，1999（2）.

[27] 张正玉.从洛克和卢梭看自由主义的两个传统[J].山东教育学院学报，2006（3）.

[28] 苏力.从契约理论到社会契约理论：一种国家学说的知识考古学[J].中国社会科学，1996（3）.

[29] 高兆明.道德：自由意志的内在定在：黑格尔《法哲学原理》读书札记[J].伦理学研究，2005（1）.

[30] 樊浩.道德形而上学体系的精神哲学形态[J].天津社会科学，2006（6）.

[31] 樊浩.道德哲学体系中的个体、集体与实体[J].道德与文明，2006（3）.

[32] 张俊芳.道德哲学在康德哲学体系中的地位和现实价值[J].长春师范学院学报，2006（5）.

[33] 赵一强.道德自我的成就环节：家庭、民族与正义[J].社会科学研究，2007（5）.

[34] 薛华.德国古典哲学与世界历史概念[J].学术月刊，2002（10）.

[35] 蒋红.对黑格尔法哲学的批判与马克思市民社会理论的历史演进[J].云南社会科学，2007（6）.

[36] 谭志君，周执前.法的逻辑发展与法的秩序功效[J].长沙大学学报，2000（1）.

[37] 储昭华.法权的逻辑基础与实质：关于黑格尔法哲学的启示与教训的再认识[J].哲学研究，2007（7）.

[38] 李光远.个人自由与集体主义[J].高校理论战线，2008（7）.

[39] 黄显中.公正作为德性：亚里士多德公正德性探析[J].中国人民大学学报，2006（2）.

[40] 许午.关于柏拉图和亚里士多德对政治学基本问题看法的比较[J].河北科技大学学报，2006（1）.

[41] 陈华森，卢瑾.国家：个人自由的保障——黑格尔的个人自由观剖析[J].云南行政学院学报，2008（2）.

[42] 仰海峰.国家：自由与伦理的现实体现——读黑格尔《法哲学原理》[J].福建论坛，2005（5）.

[43] 张艳芬，孙斌.国家观：从黑格尔到马克思[J].东南学术，2003（1）.

[44] 郁建兴.国家理论的复兴与马克思主义国家理论[J].东南学术，2001（5）.

[45] 乔翔.国家神话的消解与现代国家的建构：马克思对黑格尔国家理想主义的批判及其启示[J].学习与实践，2008（9）.

[46] 王连喜.国家是历史中的理性与热情现实结合的机制：黑格尔国家观论析[J].现代哲学，1997（4）.

[47] 孙其昂，庞俊来.黑格尔《法哲学原理》与市民社会[J].马克思主义与现实，2006（1）.

[48] 陈宁.黑格尔《历史哲学》中"国家与教会"关系所体现的感性与理性统一思想[J].齐齐哈尔大学学报，2007（1）.

[49] 贾庆军.黑格尔的"封建"观及由其引发的思考[J].兰州学刊，2007（11）.

[50] 张盾.黑格尔的"历史和逻辑统一"是如何可能的：黑格尔历史原理的案例研究[J].吉林大学社会科学学报，2008（4）.

[51] 彭辉.黑格尔的法与道德观的解析[J].安徽文学，2007（7）.

[52] 郁建兴.黑格尔的国家观[J].政治学研究，1999（3）.

[53] 郁建兴.黑格尔的历史终结论[J].学术月刊，2000（9）.

[54] 闫伟杰.黑格尔的国家观探析[J].理论探索，2008（4）.

[55] 郁建兴.黑格尔的市民社会理论[J].人文杂志，2000（3）.

[56] 王兆良.黑格尔的市民社会理论及其历史意义[J].安徽大学学报，2000
（6）.

[57] 蒋俊杰.黑格尔的市民社会理论探析[J].学术论坛，2001（5）.

[58] 冯晓峰.黑格尔的自我意识理论及其意义[J].学术探索，2004（6）.

[59] 郁建兴.黑格尔的自我意识理论与实践哲学基础的真正确立[J].哲学研
究，1999（9）.

[60] 张盾.黑格尔对康德哲学的批判和超越：从马克思哲学的视角看[J].哲
学研究，2008（6）.

[61] 郁建兴.黑格尔对社会契约论的批判[J].吉林大学社会科学学报，2000
（5）.

[62] 郁建兴.黑格尔对自然权利的批判[J].复旦学报，1999（6）.

[63] 郁建兴.黑格尔法国革命观中的自由主义批判[J].浙江学刊，2000（1）.

[64] 冯川.黑格尔法哲学再诠释[J].南京社会科学，2006（11）.

[65] 胡可.黑格尔关于国家起源的理论及其哲学意义[J].贵州大学学报，
1992（4）.

[66] 宋建丽.黑格尔关于政治合法性的探求[J].华中科技大学学报，2006
（3）.

[67] 钟枢.黑格尔国家观述评[J].学术界，2007（4）.

[68] 冯志峰，洪源.黑格尔国家观文献述评[J].学术论坛，2007（4）.

[69] 雷震.黑格尔家庭伦理思想研究[J].学术论坛，2006（7）.

[70] 郁建兴.黑格尔伦理实体的自由概念[J].社会科学战线，2000（3）.

[71] 叶秀山.黑格尔论"自由"的现实性：读黑格尔《精神现象学》第四章 "意识自身确定性的真理" [J].江苏行政学院学报，2008（2）.

[72] 黄忠晶.黑格尔论国家[J].遵义师范学院学报，2005（1）.

[73] 黄忠晶.黑格尔论市民社会[J].中国石油大学学报，2006（3）.

[74] 高晓红.黑格尔论作为伦理实体的政府[J].学海，2007（3）.

[75] 王天成.黑格尔形而上学维度的革新[J].吉林大学社会科学学报，2007 （4）.

[76] 张盾.黑格尔与马克思历史观的关系：黑格尔历史原理的"显白教诲" [J].马克思主义与现实，2008（2）.

[77] 张汝伦.黑格尔在中国：一个批判性的检讨[J].复旦学报，2007（3）.

[78] 王作印.黑格尔政治哲学性质及其当代意蕴[J].当代世界与社会主义， 2008（4）.

[79] 高宣扬.简论法国的黑格尔研究[J].中国人民大学学报，2007（5）.

[80] 张盾.精神自我发展历程的辩证法：黑格尔历史原理的"隐微教诲" [J].天津社会科学，2008（3）.

[81] 邓晓芒.康德道德哲学的三个层次[J].云南大学学报，2004（4）.

[82] 张传有.康德道德哲学的上升之路与下降之路[J].道德与文明，2007 （6）.

[83] 张俊芳.康德道德哲学对先前伦理观的匡正[J].东北师大学报，1996 （3）.

[84] 张廷国.康德对财产权和国家的证明[J].南京社会科学，2002（10）.

[85] 韩水法.康德法哲学中的公民概念[J].中国社会科学，2008（2）.

[86] 张政文.康德与黑格尔国家理论中关于现代性的分歧[J].哲学研究， 2007（2）.

[87] 应奇.康德政治哲学的历史价值和时代影响[J].上海社会科学院学术季 刊，1995（2）.

[88] 樊浩.伦理实体与不道德的个体[J].学术月刊，2006（5）.

[89] 黄显中.伦理话语中的古希腊城邦[J].北方论丛，2006（3）.

[90] 樊浩.伦理实体的诸形态及其内在的伦理——道德悖论[J].中国人民大学学报，2006（6）.

[91] 丛日云.论黑格尔的国家概念及其历史意义[J].辽宁师范大学学报，1991（6）.

[92] 崔建树.论黑格尔的国家学说及其创新[J].江淮论坛，2006（3）.

[93] 任丑.论黑格尔关于善的思想[J].学术论坛，2005（4）.

[94] 冯川.论黑格尔伦理学的几个突出创见[J].东南大学学报，2007（6）.

[95] 张仕颖.论康德对卢梭自由观的批判[J].太原师范学院学报，2003（2）.

[96] 邓晓芒.马克思从黑格尔那里继承了什么？[J].马克思主义与现实，2008（2）.

[97] 郁建兴.马克思的国家理论与现时代[J].河北学刊，2005（3）.

[98] 郁建兴.马克思的市民社会概念[J].社会学研究，2002（1）.

[99] 陈铁民.马克思对黑格尔国家学说的批判[J].福建学刊，1991（2）.

[100] 徐文华.马克思对黑格尔市民社会思想的批判及超越[J].齐鲁学刊，2003（5）.

[101] 张盾.马克思哲学革命中的伦理学问题[J].哲学研究，2004（5）.

[102] 王贵明.马克思主义的自由个性与自由主义的个人优先性[J].哲学研究，2001（4）.

[103] 姚大志.契约论与政治合法性[J].复旦学报，2003（4）.

[104] 吴晓明.社会现实的发现：黑格尔与马克思[J].马克思主义与现实，2008（2）.

[105] 顾肃.试论当代政治哲学的学理基础[J].复旦学报，2004（5）.

[106] 张文喜.试论个人在黑格尔的现代性哲学反思中的伦理处境[J].理论学刊，2001（4）.

[107] 陈伟.特殊与普遍的辩证法：论黑格尔法哲学中"市民社会"概念的结构[J].兰州学刊，2007（12）.

[108] 陈炳辉.文化与国家：黑格尔国家哲学新论[J].政治学研究，1999（3）.

[109] 何怀宏.现代伦理学：在康德与卢梭之间[J].道德与文明，2005（1）.

[110] 王云萍.亚里士多德伦理学的性质及其在当代道德哲学中的地位[J].福建论坛，2006（3）.

[111] 金延.自由的现实存在的反思：黑格尔社会批判理论评析[J].文史哲，2007（4）.

[112] 郁建兴.自由主义：从英国到法国[J].浙江大学学报，1999（2）.

[113] 高瑞华.走出虚幻的政治共同体：马克思克罗茨纳赫时期对黑格尔国家观的批判[J].理论界，2006（6）.

[114] Valerie Kerruish.Persons and Available Identities:Gender in Hegel's Philosophy of law[J].Law and Critique，1996(2).

[115] Gary S.Orgel.A Response to Professor Colletti: An Analysis and Critique of Marxism and Hegel[J].Studies in Soviet Thought，1976(16).

[116] Murray Greene.Hegel's Notion of Inversion[J].Capital，1837(2).

[117] Thom Brooks.Hegel's Ambiguous Contribution to Legal theory[J].Res Publica，2005(11).

[118] Oliva Blanchette.Praxis and Labor in Hegel[J].Studies in Soviet Thought，1979(20).

[119] Maurice A.Finocchiaro.Dialectic and Argument in Philosophy: A Case Study of Hegel's Phenomenological Preface[J].Argumentation，1988(2).

[120] Frederick G.Weiss.Hegel Studies and Gelebrations on the Second Centenary of His Birth [J].International Journal for Philosophy of Religion，1970(3).

[121] Mitchell Aboulafia.Engels，Darwin，and Hegel's Idea of Contingency[J].

Studies in Soviet Thought，1980(21).

[122] George McCarthy.Development of The Concept and Method of Critique in Kant， Hegel， and Marx[J].Studies in Soviet Thought，1985(30).

[123] Joseph McCarney.Hegel's Legacy[J].Res Publica，1999(5).

[124] Efraim Shmueli.Hegel's Interpretation of Spinoza's concept[J]. International Journal for Philosophy of Religion，1970(3).

[125] J.M.Fritzman.Return to Hegel[J].Continental Philosophy Review，2001(34).

[126] Giuseppe Varnier.Unity of the Mental and 'logical' Identity:After Kant and Hegel[J].Topoi，2000(19).

[127] Abel Garza Jr.Hegel's Critique of Liberalism and Nature Law: Reconstructing Ethical Life[J].Law and Philosophy，1990–1991(9).

[128] Hans–Christoph Schmidt am Busch.Personal Respect， Private Property， and Market Economy: What Critical Theory Can Learn From Hegel[J].Ethic Theory Moral Prac，2008(11).